Дерек Принс

СОВЕРШАЯ ТЕЧЕНИЕ

КНИГИ ДЕРЕКА ПРИНСА
переведенные на русский язык

Наименование:

Библейское лидерство: Наблюдайте за собой / Что значит быть мужем Божьим?

Библия, философия и сверхъестественное

Благая Весть Царства

Благодарение, хвала и поклонение

Благодать уступчивости (Благодать повиновения)

Благословение или проклятье: тебе выбирать!

Бог — Автор брачных союзов

Бог написал сценарий твоей жизни

Божий план для твоих денег

Божье лекарство от отверженности

Вера, которой жив будешь (Вера как образ жизни)

Вехи моей жизни / Уверенность в Божьем избрании

Влияние на историю через пост и молитву

Война в небесах

Входя в Божье присутствие

Духовная война

Если вы желаете самого лучшего Божьего

Завет

Защита от обольщения / Что есть истина?

Искупление

Как быть водимым Духом Святым

Как найти план Божий для своей жизни

Как правильно поститься

Как применять кровь Иисуса

Дерек Принс

СОВЕРШАЯ ТЕЧЕНИЕ

Разделяя победу Христа над смертью

2011

Все выдержки из Нового и Ветхого Заветов
(кроме отмеченных особо) взяты из
Синодального перевода Библии на русский язык.

THE END OF LIFE'S JOURNEY
Derek Prince

Derek Prince Ministries – International
P.O.Box 19501
Charlotte, NC 28219-9501
USA

All rights reserved © 2004 by Derek Prince Ministries–
International

СОВЕРШАЯ ТЕЧЕНИЕ:
разделяя победу Христа над смертью
Дерек Принс

Переведено и издано
Служением Дерека Принса на русском языке
Translation and publication by Derek Prince Ministries – Russia

Вы можете написать нам по адресу:
Служение Дерека Принса
а/я 72
Санкт-Петербург
191123
Россия

Служение Дерека Принса
а/я 3
Москва
107113
Россия

Все права защищены © 2009 Служением Дерека Принса на
русском языке
All rights reserved © 2009 by Derek Prince Ministries – Russia

ISBN: 978-1-78263-062-3 (англ.)

Вы можете обратиться к нам через интернет:
info@derekprince.ru

или посетить нашу страницу:
www.derekprince.ru

DEREK
PRINCE
MINISTRIES
RUSSIAN WORLDWIDE

Содержание

ПРЕДИСЛОВИЕ

Это было моей привилегией — иметь близкое личное знакомство с некоторыми наиболее уважаемыми служителями современной Церкви. По моей оценке никто из них не имел равного с Дереком Принсом права говорить на такую тему, как завершение жизненного пути. Наша дружба продолжалась свыше тридцати пяти лет. Мне довелось служить и проводить свободное время вместе с Дереком Принсом, однажды даже жить в одном доме в течение двух с половиной лет. Я никогда не был свидетелем ни одного момента, когда он не жил бы в свете вечности. Я убежден, что он культивировал в себе то уникальное качество, которое делало его способным жить так, как он жил. Оно осеняет страницы книги, которую вы держите в своих руках, и это именно то, в чем христианство крайне нуждается — это страх Господень.

Однажды Дерек сказал мне, что еврейское слово «чистый», которое используется в Псалме 18:10 для описания страха Господня, в современном языке означает «антисептик» (очищающий, дезинфицирующий). Он понимал, что благоговейная осторожность дезинфицирует и освящает все в жизни человека, который стремится научиться страху Господнему. Много раз я замечал, как этот «тайный антисептик» действует в его присутствии. Это было обычным явлением, когда развязно себя ведущие, неверующие люди замолкали когда он заходил в лифт гостиницы. Как будто невидимая сила на некоторое время вынуждала их вести себя так, что они начинали смотреть на жизнь по-другому.

Я верю, что у Дерека, когда он писал эту последнюю свою книгу, было скрытое желание, чтобы и вы прожили вашу жизнь во свете вечности, как бы готовясь к концу вашего жизненного путешествия.

Джим Крофт
Бока-Рейтон, Флорида
18 Ноября, 2003

1

СМЕРТЬ: ВСТРЕЧА, НАЗНАЧЕННАЯ ВСЕМ

Есть что-то в вас, что на секунду вздрагивает, когда вы слышите слово «смерть»? Может быть, ваша первая реакция − отложить эту книгу в сторону? Если это так, то это достаточное подтверждение тому, что вы лично нуждаетесь в том, чтобы открыть свое сердце тому, что здесь написано.

В нашей современной культуре была произведена негласная попытка − удалить все, что может быть неприятным или болезненным из самого понятия смерть. Например, были произведены тонкие изменения в терминологии. Мы уже не говорим о похоронном бюро, вместо этого мы используем фразу «гостиная покоя», или возможно «обитель успокоения». Мы больше не говорим о кладбище, используя вместо этого такие выражения, как «аллея памяти» или «мемориальный сад». Когда тело умершего, перед тем, как его захоронить, выставляется напоказ, то делается все возможное, чтобы свести к минимуму причиненные смертью изменения.

Я слышал психологические аргументы, выдвигаемые в пользу таких изменений, и не заинтересован в оспаривании этих аргументов. Однако меня заботит то, чтобы мы не позволили себе забыть один

простой, объективный, неизменный факт: смерть
реальна и она неприятна. Она болезненна и жесто-
ка. Любое представление о жизни, которое не приемлет этот факт, является ложным и нереалистичным.
Любая философия или религия, не дающая позитивного ответа на реальность смерти, не в состоянии
ответить нуждам человечества. Христианскую веру
отличает от всех других религий и философских учений отличает то, что она имеет позитивный, испытанный ответ на смерть.

Мое основание для рассмотрения этой темы состоит из трех составляющих: Священное Писание,
мой личный опыт и личные наблюдения. Прежде
всего, мы посмотрим в Писание. В Первом послании
Коринфянам 15:26 Павел говорит: *«Последний же
враг истребится – смерть»*. Смерть это враг, абсолютный враг всего человечества.

Затем я хотел бы сказать кое-что из моего личного опыта. Мне почти 90 лет и я, конечно же, пережил потерю близких родственников и любимых
людей: отца, матери, дедушки и бабушки, и это только небольшая часть из них. Более того, я потерял
двух моих любимых жен, вначале первую жену
Лидию, а затем и Руфь. С Лидией я прожил много
лет счастливой совместной жизни. Не так давно Бог
призвал и Руфь домой, что было очень тяжелым
переживанием для меня. Но Бог провел меня через
все это в победе Своей благодатью. И я радуюсь тому,
что есть воскресение.

Иногда я смотрю на семейные пары, которые наслаждаются друг другом, и я осознаю, что рано или
поздно один из них должен будет уйти, а другой на
некоторое время остаться один. Вот почему я так
хочу передать эту истину вам, чтобы вы, когда придет это время, были побеждающими. Лично мне Бог
даровал победу. Это дар, и явно, что это не результат моей праведности.

Я верю в воскресение! Видите, две жены ожидают меня на другом берегу! Я не был женат на обоих одновременно, я хотел бы, чтобы вы знали это, я женился сначала на одной, а после смерти первой – на другой. Я прожил с Лидией тридцать лет и с Руфью двадцать лет, таким образом, в общей сложности, я был женат на протяжении пятидесяти лет. И прекрасно то, что я увижу их обеих опять!

Теперь из моих личных наблюдений. Во время Второй Мировой войны служил в военным санитаром на полях сражений и в госпиталях Северной Африки, где я видел смерть много раз. Позже, в качестве служителя Божьего, меня неоднократно призывали для увещания и помощи людям, потерявшим родных. Поэтому я говорю не на основании теории или пройденного курса подготовки служителей, но на основании реальности жизни, о том, что я пережил и видел.

Реакция на смерть

На протяжении веков человеческая реакция на смерть принимала разнообразные формы. Одна реакция – это *цинизм*. Это выражено в отрывке из Книги пророка Исаии 22:13, где он описывает людей, встретившихся с реальностью надвигающейся смерти:

> Но вот, веселье и радость! Убивают волов, и режут овец; едят мясо, и пьют вино: «будем есть и пить, ибо завтра умрем!»

Это циничный взгляд на вещи: ешь и пей, ибо скоро придет смерть.

Другая реакция – это *пессимизм*. Он был широко распространен в средневековой Европе. Все средневековое общество было пропитано ощущением смерти. Она присутствовала во всех письмах, религиозной жизни, книгах, и даже в искусстве.

Еще одну реакцию на смерть я бы назвал *болез-*

ненной озабоченностью. Такое состояние описано британским поэтом Элиотом. Описывая поэта эпохи королевы Елизаветы в Англии по имени Вебстер, Элиот пишет следующее:

Вебстер был одержим смертью;
Похож был на череп обтянутый кожей,
Житель подземелья со впалой грудью
И резкими скулами с безгубым оскалом.

Так описан человек, чье сознание полностью оккупировано смертью.

Еще одна реакция на смерть − это попытка *избежать* её. Это отношение многих восточных культов и философий, претендующих на наше внимание сегодня. Они говорят о нацеленности на высвобождении индивидуума из его личного бытия в какое-то неопределенное, безличностное существование, называемое «нирвана». Может для кого-то это выглядит заманчиво, но это нереально. Кроме того, это противоречит Писанию. Будучи молодым человеком я сам лично сравнительно длительное время был увлечен восточным культом подобного рода, но не нашел в нем ничего, кроме разочарования.

Давайте обратимся к достоверному свидетельству Священного Писания и посмотрим, что оно говорит об этом. Послание Евреям 9:27 говорит нам следующее: *«И как человекам положено однажды умереть, а потом суд…».* Кто-то однажды сказал: «Ты можешь не явится на все встречи, которые были назначены тебе в твоей жизни, но ты не избежишь двух: первое − встреча со смертью, второе − встреча с судом».

Однажды кто-то заметил по поводу воскресения Иисуса: «Иисус − Единственный, Кто назначил встречу после Своей смерти и явился на нее». В этом − как и во многом другом − Он уникален. Он пообещал воскреснуть и воскрес, поэтому все верующие Его обещаниям и следующие за Ним, также воскреснут. Мы будем вызваны из могилы.

Подотчетность

Библия ясно открывает нам (и мы рассмотрим это более подробно позднее), что после смерти мы продолжаем осознавать наше существование, а также личную ответственность за то, что мы сделали при нашей жизни.

Подотчетность – крайне непопулярное слово в нашей современной культуре. Люди пытаются удалить его из своего сознания. Пытаются избежать ее. Но факт остается фактом, что людям назначено однажды умереть, и после этого будет суд. Нам придется давать отчет.

Когда современная медицина встречается с физической проблемой, то она стремится определить три момента: диагноз заболевания, прогноз заболевания, и его лечение. Диагноз открывает причину, прогноз предсказывает развитие болезни, а лечение, конечно же, является ответом на заболевание.

Когда мы встречаемся с вопросом смерти, то Библия дает ответы на все три вопроса: диагноз, прогноз и лечение. Прежде всего, есть диагноз – установлена причина. Она определена в Писании очень просто, Послание Римлянам 5:12:

Посему, как одним человеком грех вошел в мир, и грехом смерть, так и смерть перешла во всех человеков, потому что в нем все согрешили.

Итак, смерть пришла через грех. Если бы никогда не было греха, то никогда не было бы и смерти. Но потому что все люди согрешили, смерть пришла на всех людей.

Затем, в Первом послании Коринфянам 15:56 Павел пишет:

Жало смерти – грех.

Мы все знаем, что такое жало. При помощи жала насекомое вводит свой яд в тело жертвы и тем самым производит губительный результат. Итак, смерть впрыскивает разложение в наши тела при помощи греха. Грех — это то жало, которое впрыскивает яд смерти.

Во-вторых, мы имеем прогноз. Библия указывает на то, что смерть приходит через три последовательные фазы. Первая фаза — это духовная смерть. Бог сказал Адаму, когда предостерегал первого человека от дерева познания добра и зла, Бытие 2:17:

> *... ибо в день, в который ты вкусишь от него, смертью умрешь.*

Итак, Бог сказал Адаму: «как только это случится — в тот же день ты смертью умрешь». Согласно нашему пониманию, что такое смерть, Адам был жив еще на протяжении более чем 900 лет. Однако именно в тот день, когда Адам согрешил, он был отрезан (отчужден) от жизни с Богом. В тот самый момент он умер духовно. В Послании Ефесянам 2:1 Павел напоминает христианам об их духовном состоянии до того, как они познали Христа:

> *И вас, **мертвых** по преступлениям и грехам вашим, ...**оживотворил*** (выделено автором).

Павел говорит не о физической смерти, но о духовной — об отчуждении от Бога. Когда человеческий дух был отрезан от Бога через грех, физическая жизнь человека стала подобно аккумулятору, который уже нельзя перезарядить. Он продолжает функционировать еще некоторое время, но, в конце концов, садится.

Вторая фаза это физическая смерть. Это то, что мы, собственно, и называем «смертью» — отделение души от тела. Результат ее можно увидеть в состоянии тела. Оно начинает разлагаться. Но состояние души остается неизменным.

Третья фаза это то, что Библия называет «смерть вторая». Это то, о чем можно узнать только через откровение Писания. Откровение 20:14-15:

Это смерть вторая. И кто не был записан в книге жизни, тот был брошен в озеро огненное.

Если мы рассмотрим картину, данную в книге Откровение, то увидим нечто важное. Во-первых, эта вторая смерть является окончательным, вечным, неизменным изгнанием из присутствия Божьего. Из второй смерти нет пути назад. Во-вторых, на этом не прекращается самосознание — оно никогда не будет прекращено. Личность продолжает осознавать себя как в этой жизни, так и в мире ином, вовеки веков. Нам никогда не убежать от осознания самих себя.

Позвольте сделать краткий обзор трех фаз Библейского прогноза развития смерти в человеческой жизни:

1. Духовная смерть — отчуждение человеческой души от Бога через грех.

2. Физическая смерть — отделение души от тела.

3. «Смерть вторая» — окончательное, неизбежное изгнание из присутствия Божьего, но с продолжающимся самосознанием.

В следующих главах я буду говорить о Библейском средстве от смерти.

2

ДАЮЩИЙ ЖИЗНЬ И ЗАБИРАЮЩИЙ ЖИЗНЬ

Только после того, как мы знаем и диагноз, и прогноз, мы можем начать понимать и применять лекарство.

Для того, чтобы сделать это, я должен сначала полнее объяснить сущность духовного мира и духовных сил, задействованных и в жизни, и в смерти. Некоторые люди не осознают, что существует духовный мир. Они полагают, что все начинается и заканчивается в этом мире, и за пределами его ничего нет. Другие люди признают реальность духовного мира, но они представляют его себе как нечто смутное, аморфное или абстрактное. Но истина заключается в том, что духовный мир также реален и объективен, как и мир физический, и он наполнен и вещами и личностями более многочисленными и разнообразными, чем те, с которыми мы знакомы в физическом мире. По-настоящему важное различие между двумя мирами заключается в том, что физический мир временен и преходящ, а духовный мир вечен и неизменен. Во Втором послании Коринфянам 4:18 Павел выражает это так:

...мы смотрим не на видимое, но на невиди-

*мое: ибо видимое временно, а невидимое веч-
но.*

Две Личности

Исходя из этих слов, записанных в Священном
Писании, мы понимаем, что невидимый мир вечен.
Теперь давайте исследуем, а что Библия говорит нам
о сущности этого невидимого мира. Если мы просле-
дим жизнь и смерть к их источникам, мы встанем
лицом к лицу с двумя личностями, которых я назвал
«Дающий жизнь» и «Забирающий жизнь». В Евангелии от Иоанна 10:10 записаны слова Иисуса, которые очень ясно констатируют этот факт:

*Вор приходит только для того, чтобы ук-
расть, убить и погубить. Я пришел для того,
чтобы имели жизнь и имели с избытком.*

Здесь мы имеем две личности: Иисус и тот, кто
назван вором. Каждый из них является реальной
личностью. Имя вора, конечно же, сатана. Как много людей сегодня находят трудным осознать, что сатана – это реальная личность. Однажды я прочитал
в одно книге фразу, которая привлекла мое внимание: «Зло это не *что*-то, но *кто*-то». Когда мы
осознаем это, наши глаза начинают открываться.
Итак, вор – это сатана, или дьявол. Как мы видим,
Иисус говорил истину с потрясающей честностью,
когда открывал сущность нашего врага, дьявола. Он
сказал религиозным людям тех дней очень недвус-
мысленные слова, которые записаны в Евангелии
от Иоанна 8:44:

*Ваш отец диавол; и вы хотите исполнять
похоти отца вашего. Он был человекоубий-
ца от начала и не устоял в истине, ибо нет
в нем истины. Когда говорит он ложь, говорит свое, ибо он лжец и отец лжи.*

Итак, Иисус говорит нам, что сатана (дьявол) − лжец и убийца. Совместите это с отрывком из Евангелия от Иоанна 10:10, и вы увидите то, что сатана − вор, лжец и убийца. Библия не говорит нам о нем ничего хорошего.

Хорошо известный евангелист однажды суммировал разницу между Богом и дьяволом в простой фразе: «*Нет ничего плохого в Боге, и нет ничего хорошего в дьяволе*». Нам необходимо помнить об этом. Мы не хотим быть ослеплены философией, или сентиментальностью, или человеческой теорией. Мы имеем дело с двумя личностями: Дающим жизнь, Которым является Иисус; и Забирающим жизнь − сатаной, дьяволом.

Нам необходимо всегда помнить эти слова Иисуса: «*Вор пришел только для того, чтобы украсть, убить и погубить*». Дьявол никогда не приходит в нашу жизнь для того, чтобы сделать нам добро. Он преследует три цели, и каждая из них хуже предыдущей. Его первая цель в том, чтобы украсть, его вторая цель − убить, его третья цель − погубить.

Разрушительная работа сатаны против нас не ограничивается физической смертью, но простирается в вечность. Он убийца, вор и лжец. Знание того факта, что он вор и лжец, должно предостеречь нас. Мы должны понять одно: он хочет обмануть нас. Когда к нам приходит вор и лжец, он не говорит нам о том, кто он такой, или о цели, с которой он пришел. Вор не стучит в вашу дверь, со словами: «*Откройте… Я − вор и пришел, чтобы забрать ваши вещи*». Как правило он приходит во тьме, в то время, когда вы не можете видеть его, и когда вы не ожидаете его. Есть вор еще другого рода, которого называют мошенником. Он может придти и днем, но он скроет свои темные мотивы. Мошенник будет убеждать вас, что принес вам нечто чрезвычайно ценное, но, на самом деле, он пришел, чтобы взять, а не для того, чтобы дать.

Бог *есть* свет; Он действует во свете. Когда мы имеем дело с Богом, мы можем знать, с Кем мы имеем дело, и каковы Его истинные цели. Мы можем осознавать то, что Бог делает. Нам нет необходимости идти ощупью или впотьмах. Мы не пребываем в неопределенности или неуверенности. Но дьявол, сатана, действует во тьме. Часто, когда он делает свою работу, мы не видим его или не различаем его. Мы не знаем в точности, кем он является, или почему он там, или что он делает. Когда Бог в нашей жизни, мы узнаем Его. Но когда сатана в нашей жизни, во многих случаях мы не можем распознать его. Он обманщик и лжец.

Было время когда я руководил колледжем для обучения учителей в Африке. Основная моя цель была не в том, чтобы дать им знание, но привести их к Богу. Один африканец, который находился в нашем преподавательском штате, казалось бы, соглашался со всем, однако никак не мог осознать реальность существования дьявола. Он жил недалеко от колледжа и у него было несколько уток, которых он держал на своем заднем дворе. Он очень гордился своими утками. Однажды он пришел ко мне сильно расстроенный, потому что кто-то пришел ночью и украл всех его уток. Тогда я сказал ему: «Мистер Одава, постучал ли этот человек в ваши двери и сказал вам, что он пришел, чтобы украсть ваших уток?». Он сказал: «Нет. Он пришел когда было темно и я не видел его». Я продолжил: «Мистер Одава, как был реален этот вор, которого вы не видели, настолько реален и дьявол. Он не стучит в вашу дверь, когда светло, и не говорит: «Я − дьявол. Я пришел для того, чтобы украсть». Но он поступает точно так же, как вор, который украл ваших уток. Он приходит под покровом тьмы. Он не говорит вам, кто он такой или когда он придет. Вы или не видите его, или не можете распознать его, и вы не знаете, что происходит. Вот так действует вор».

Нам необходимо помнить слова Иисуса, что дьявол является вором, лжецом и убийцей. Он никогда не приходит для того, чтобы сделать нам что-то хорошее. Он имеет три цели: (1) украсть все благословения Божьи, которые Бог предусмотрел для нашего блага; (2) убить, забрав нашу физическую жизнь; и (3) погубить, обрекая нас на вечные муки во веки веков, загубив нашу душу.

Благодарение Богу за Иисуса, Который в Своей верности не утаил от нас истину! Благодарение Богу также за то, что Иисус является спасением и необходимым «лекарством», как мы увидим это в следующей главе.

3

КРОВНЫЙ ИСКУПИТЕЛЬ

Мы не можем говорить о средстве против смерти, не рассмотрев Библейский образ Иисуса, как нашего Кровного Искупителя. Одно из наиболее наглядных и прекрасных Его описаний мы находим в Ветхом Завете. Мы начнем с того, что рассмотрим цель, с которой Иисус пришел. Первое послание Иоанна 3:8:

…Для сего-то и явился Сын Божий, чтобы разрушить дела диавола.

Какие дела у дьявола? Мы увидели в предыдущей главе, что дьявол пришел для того, чтобы украсть, убить и погубить. В то время как Сын Божий пришел для того, чтобы уничтожить всё то, что дьявол намерен был сделать и сделал против нас. Нам необходимо иметь ясное видение этих двух личностей: Иисуса (Дающего жизнь), и сатаны (Забирающего жизнь).

Для того, чтобы исполнить цель, для которой Он пришел, Иисус должен был отождествить Себя Самого с нами – с человечеством. Одно из самых любимых имен, которые Он использовал в отношении Самого Себя в Евангелиях, едва ли ни больше, чем все остальные, было «Сын Человеческий», или «Сын Адама» – потомок Адама, член человеческой расы.

Это ясно показано в Послании Евреям 2:14-17:

> *А как дети причастны плоти и крови* (имеют плоть и кровь), *то и Он* (Иисус) *также воспринял* (принял в Своей человеческой природе) *оные, дабы смертью лишить силы имеющего державу смерти* (власть смерти), *то есть, диавола.*

Обратите внимание на ясное описание двух личностей и их ответственности. Тот, кто удерживает в своих руках власть смерти это дьявол. Иисус пришел чтобы победить и уничтожить его, разбить его власть...

> *...и избавить тех, которые от страха смерти через всю жизнь были подвержены рабству.*

До тех пор, пока люди боятся смерти, они находятся в рабстве, потому что страх смерти может заставить делать такое, что иначе они никогда бы ни сделали. Страх смерти это окончательная форма рабства. Иисус пришел, чтобы освободить нас от этого рабства — от страха смерти. Потому как мы, в нашей человеческой природе, причастны плоти и крови, Он разделил с нами нашу человеческую природу:

> *Посему Он должен был во всем уподобиться братиям.*

Поэтому Иисус сделался во всем подобный нам. Не переставая быть Богом, Он стал Человеком. Он стал членом человеческой расы, Он — Сын Человеческий. Таким образом Он стал Тем, Кого Библия называет нашим «Кровным Искупителем». Это очень важное понятие было введено в Ветхом Завете и затем перенесено в Новый.

Кто такой Кровный Искупитель?

Мне необходимо дать вам краткое объяснение словосочетанию «Кровный Искупитель». Здесь имеется определенное затруднение, поскольку большая часть переводов Библии, которыми мы пользуемся, переводят одно еврейское слово по-разному в разных контекстах. Это еврейское слово «га'ал». Оно переводится по-разному: «кровный мститель», «искупитель», «следующий (или ближайший) кровный родственник». В смысле «Искупителя», это еврейское слово «га'ал» применяется к Самому Богу почти двадцать раз в Ветхом Завете.

Под законом Моисеевым и в культуре Израиля в Ветхом Завете, кровный искупитель имел две основные обязанности. Если был убит человек, то первая ответственность кровного искупителя состояла в том, чтобы преследовать убийцу и предать его смерти. Затем, если убитый человек был женат и умер не оставив потомства, кровный искупитель должен был жениться на его вдове, и воспитать детей убитого родственника, как продолжение рода убитого.

Эта первая ответственность установлена в книге Числа 35:19:

> ...*мститель за кровь* («га'ал») *сам может умертвить* (буквально: «сам умертвит») *убийцу: лишь только встретит его, сам может умертвить* («сам умертвит») *его.*

Вторая ответственность «га'ал», т.е. кровного искупителя проиллюстрирована в истории с Руфью. Там описано, как моавитянка по имени Руфь, лишившись мужа, последовала за своей свекровью Ноеминью, вдовой Елимелеха, когда та вернулась в Вифлеем. У Ноемини был близкий родственник, по имени Вооз, богатый и влиятельный человек. Руфь, чтобы прокормить себя и свекровь, пошла собирать оставшиеся колосья (что было полностью законно) на поле, которое, как оказалось, принадлежало Воозу. В результате между Руфью и Воозом завязались взаимоотношения, которые завершились браком. Однако, чтобы Вооз мог жениться на Руфи, существовали определенные шаги, которые он должен был предпринять. Вы можете прочесть всю историю в вашей собственной Библии, но нас сейчас интересует то, что произошло в третьей главе этой книги. Книга Руфь 3:7-9:

Вооз наелся и напился, и развеселил сердце свое, и пошел и лег спать подле скирда. И она пришла тихонько, открыла у ног его и легла. В полночь он содрогнулся, приподнялся, и вот, у ног его лежит женщина. И сказал ей Вооз: кто ты? Она сказала: я Руфь, раба твоя, простри крыло твое на рабу твою, ибо ты родственник (то есть «га'ал»).

Здесь Руфь говорит о том, что Вооз (чье имя означает «в нем есть сила») должен исполнить свои обязанности как ее кровный искупитель. Однако, был другой родственник, чье имя не указано, который был ближе по крови. Вооз напомнил этому родственнику, что если он хочет выкупить (букв. «искупить») имущество, то, вместе с этим, он должен женится на Руфи. Слова Вооза и ответ родственника записаны в Книге Руфь 4:3-6:

Ноеминь, возвратившаяся с полей Моавитских, продает часть поля, принадлежащую брату нашему Елимелеху; я решился довести до ушей твоих и сказать: купи при сидящих здесь и при старейшинах народа моего; если хочешь выкупить, выкупай; а если не хочешь выкупить, скажи мне, и я буду знать; ибо кроме тебя некому выкупить; а по тебе я. Тот сказал: я выкупаю. Вооз сказал: когда ты купишь поле у Ноемини, то должен

*купить и у Руфи Моавитянки, жены умер-
шего, и должен взять ее в замужество, чтобы восстановить имя умершего в уделе его.
И сказал тот родственник: не могу я взять
ее себе, чтобы не расстроить своего удела;
прими ее ты, ибо я не могу принять* (дослов-
но: «ты выкупи себе, ибо я не могу сделать
это»).

Вы видите, что кровный искупитель был должен
не просто выкупить назад имущество умершего родственника, но он также должен был жениться на его
вдове и, тем самым, восставить потомство, которое
носило бы семейное имя, чтобы оно не было вычерк-
нуто из Израиля.

Таким образом, на кровном искупителе, лежало
две обязанности. Первая, отомстить убийце, который
убил его кровного родственника; вторая, выкупить
имущество своего кровного родственника и жениться
на его вдове и восставить потомков, которые смогли бы стать продолжателями рода.

Мы видели, что Иисус пришел как наш «га'ал»,
или наш кровный Искупитель. Каким образом Он
выполнил Свои обязанности в этом качестве? Прежде
всего, Он вышел против убийцы − против сатаны, и
лишил его власти над нами. Таким образом, Он был
Мстителем за нашу кровь − Мстителем тому, кто ответственен за нашу смерть. Второе, Он взял Себе
Церковь в качестве Невесты, точно также как Вооз
женился на Руфи, и тем самым Он восстановил для
нас наше утерянное наследство. Эту часть картины
дает нам Павел в Послании Римлянам 7:4-6:

*Так и вы, братия мои, умерли для закона
телом Христовым, чтобы принадлежать
другому, Воскресшему из мертвых, да приносим плод Богу. Ибо, когда мы жили по плоти, тогда страсти греховные, обнаружива-
емые законом, действовали в членах наших,*

чтобы приносить плод смерти; но ныне, умерши для закона, которым были связаны, мы освободились от него, чтобы нам служить Богу в обновлении духа, а не по ветхой букве.

Иисус – наш кровный Искупителя

Давайте мы сейчас посмотрим, как этот образ Иисуса, в качестве нашего кровного Искупителя, применим к нам в Новом Завете. Павел говорит, что в определенном смысле, мы были замужем за законом, но через смерть Иисуса на кресте, мы были освобождены от обязательств закона. Поэтому сейчас мы свободны выйти замуж за другого – за Иисуса, Который воскрес из мертвых – за нашего кровного Искупителя. Однако, как и в случае с Руфью и Воозом, есть еще один «близкий родственник», который имеет законное право быть искупителем. Это наша плотская природа. Но наша плотская природа, плоть, не желает и не может помочь нам. Поэтому, подобно Руфи, мы должны обратится к нашему Небесному Воозу – Христу, Который возьмет нас Себе, как Свою Невесту. Он сделал для нас то, что Вооз сделал для Руфи. Благодаря нашему союзу с Ним мы восстановлены в нашем наследстве.

В этом ветхозаветном обычае и прообразе кровного искупителя мы видим ярко освященную Святым Духом прекрасную картину Иисуса, как нашего кровного Искупителя, Который пришел чтобы искупить нашу смерть. Он совершил это приняв нашу смерть на Себя и оплатив наши грехи. Тем самым Он освободил нас от страха смерти и, приняв нас к Себе как Свою невесту, Он восстановил нас в нашем наследии.

Вы помните о том, что сатана – это вор, который пришел, чтобы украсть. Но Иисус сказал: *«Я пришел для того, чтобы имели жизнь, и жизнь с избыт-*

ком». Таким образом Иисус возвращает нам наше наследство. Он берет нас Себе в качестве Своей Невесты. Мы были освобождены от уз закона и от страха смерти. Мы больше не содержимся в рабстве из-за постоянного страха смерти. Страх смерти забран от нас, и вместо этого мы получили новое наследство, вечное наследство в Иисусе Христе.

В наших взаимоотношениях с Иисусом, как Женихом нашей души, мы больше не производим те греховные действия, которые были производимы нашей плотской природой под законом. Вместо этого, мы приносим плоды праведности. Мы становимся угодными и приемлемыми Богу. Осуждение уходит. Страх уходит. Мы можем сказать вместе с апостолом Иоанном, Первое послание Иоанна 2:8:

> *Тьма проходит и истинный свет уже светит.*

Наш кровный Искупитель пришел и взял нас Себе, отомстил убийце и восстановил для нас наше справедливое наследство в Божьей семье. Размышляйте над этой картиной до тех пор, пока это не станет реальным для вас. Это так прекрасно.

4

ИСКУПЛЕНИЕ

Теперь мы подошли к самому акту искупления, который был совершен Иисусом через Свою смерть за нас. В действительности, в определенном смысле, все откровение Писания сосредоточено вокруг искупления. Искупление, само по себе, это прекрасное слово, но многие люди, которые используют его, на самом деле не знают, что оно означает. Искупление возвращает грешника в Божье благоволение. Это примирение, соединение в согласие Бога и грешника, который был отчужден. Это полное примирение и союз.

Для меня одним из наглядных образов иллюстрирующих искупление в той полноте, которую раскрывает Евангелие, является колесо. Колесо, по большому счету, имеет три части: внешний обод, спицы и ось. В этом прообразе внешняя окружность символизирует полноту Божьего обеспечения для каждой сферы нашей жизни − духовной, физической и материальной − во времени и в вечности. Полное обеспечение Божье через Евангелие подобно делающему полный оборот колесу. Он покрывает все. Спицы, которые поддерживают внешнее колеса − это пути, по которым Бог осуществляет это обеспечение. Например, одна спица может быть прощением, которое дает нам мир; другая спица может быть исцелением, которое приносит нам здоровье; еще одна может быть освобождением, которое дает нам свободу; еще одна может быть освящением, которое дает нам святость. Таким образом, спицы поддерживают внешний круг, которым является Божье обеспечение. Но ось или ступица – самый центр колеса – это искупление. Спицы прикреплены к ступице. Без ступицы не было бы ничего, что поддерживало бы их. Также, через ступицу передается движущая сила, которая вращает колесо.

В Божьем обеспечении искупление является осью, центром колеса. Это то, вокруг чего вращается все остальное и от чего оно зависит, на что опирается та сила, которая является движущей для христианской жизни. Послание Евреям 2:9:

> *Но видим, что за претерпение смерти увенчан славою и честью Иисус, Который не много был унижен пред Ангелами, дабы Ему, по благодати Божией, вкусить смерть за всех.*

Обратите внимание на последнюю фразу: «*...дабы Ему* (Иисусу), *по благодати Божьей, вкусить смерть за всех*». Он вкусил нашу смерть. Он занял наше место. Что надлежало претерпеть нам, пришло на Него. Об этом сказано в Книге Пророка Исаии 53:6:

> *Все мы блуждали, как овцы, совратились каждый на свою дорогу: и Господь возложил на Него грехи всех нас.*

Слово переведенное как *грехи*, также имеет значение «бунт». Бунт всей человеческой расы суммирован в этом стихе. Каждый из нас обратился на свой собственный путь. Мы повернулись спиной к Богу и шли своим собственным путем. Мы занимались своими собственными делами, установили свои собственные стандарты, угождали самим себе, и жили для себя. Если выразить все это одним словом, то мы были бунтарями. Но Господь сделал так, что весь бунт, всех нас вместе, был возложен на Иисуса. Когда Иисус был пригвожден ко кресту, весь наш бунт был возложен на Него. И затем, когда Он весел там, на Него пришли все злые последствия бунта: болезнь, отверженность, боль, агония и, в конце концов, смерть. Но Он не умер за Самого Себя − Он умер нашей смертью. Иисус вкусил смерть вместо нас. Он был нашим кровным Искупителем.

Пророчества об искуплении

В стихах, которые следуют далее, мы, благодаря пророческому вдохновению, имеем наглядное и детальное описание страданий Иисуса, описанное более семи столетий до того, как это произошло. Исаия 53:7-9:

Он истязуем был, но страдал добровольно и не открывал уст Своих; как овца, веден был Он на заклание, и как агнец пред стригущим его безгласен, так Он не отверзал уст Своих. От уз и суда Он был взят; но род Его кто изъяснит? ибо Он отторгнут от земли живых; за преступления народа Моего претерпел казнь. Ему назначали гроб со злодеями, но Он погребен у богатого, потому что не сделал греха, и не было лжи в устах Его.

Давайте посмотрим на некоторые детали, которые с удивительной точностью исполнились в страданиях и смерти Иисуса. Прежде всего, *«Он не открывал Своих уст»*. Это подчеркнуто несколько раз в Евангелиях, что Он не предпринимал попытки отвечать Своим истязателям или оправдывать Самого Себя или защищаться. *«Он не открывал Своих уст»*.

Затем, *«От уз и суда Он был изъят»*. Несправедливое обвинение и нечестное судебное разбирательство повлекли за собой Его смерть.

Наконец, *«Он отторгнут от земли живых»*. Его обвинения и суд завершились смертью.

Детали Его погребения также описаны удивительно точно. *«Ему назначили гроб со злодеями, но Он погребен у богатого»*. Мы переходим от множественного числа *«со злодеями»*, к единственному — *«у богатого»*. Иисус был взят для погребения с двумя ворами, двумя преступниками, которые весели по обе стороны от Него, но Он был похоронен в гробу богатого человека, Иосифа из Аримафеи. Какая удивительная точность!

Затем опять подчеркивается, что Он страдал не за Свой Собственный грех, и не за Свою вину. *«Потому что не сделал греха, и не было лжи в устах Его»*. Он был полностью невиновен, и, тем не менее, Он умер смертью преступника.

Стихи, которые следуют после этого, показывают то, насколько полно цель Божья была достигнута смертью Иисуса. Исаия 53:10-12:

> *Но Господу угодно было поразить Его, и Он предал Его мучению; когда же душа Его принесет жертву умилостивления, Он узрит потомство долговечное, и воля Господня благоуспешно будет исполняться рукою Его. На подвиг души Своей Он будет смотреть с довольством; чрез познание Его Он, Праведник, Раб Мой, оправдает многих и грехи их на Себе понесет. Посему Я дам Ему часть между великими, и с сильными будет делить добычу, за то, что предал душу Свою на смерть, и к злодеям причтен был, тогда как Он понес на Себе грех многих и за преступников сделался ходатаем.*

Опять мы видим удивительную точность всех деталей. В стихе десятом устанавливается Божественная цель для смерти Иисуса: *«Он принесет Самого Себя как жертву за вину»* (здесь и далее дан дословный перевод этого отрывка – примеч. ред).

Он стал жертвой за вину (грех) всей человеческой расы.

В словах, которые следуют в десятом стихе, мы видим то, что Его воскресение было предсказано: «*Он увидит Свое потомство, Он продлит Свои дни, и благорасположение (воля) Господа будет успешно в Его руке*». Уже было сказано о том, что Он был отрезан от земли живых, однако теперь говорится, что Он увидит Свое потомство, и продлит дни жизни Своей. Это может произойти только благодаря воскресению.

Затем, во второй половине одиннадцатого стих говорится: «*Через познание Его, Праведника, Слуги Моего, оправдаются многие, когда Он понесет их беззакония*». Потому как Иисус понес наши беззакония и принял наказание за наш бунт, поэтому Он теперь может предложить нам Свою праведность. Он способен *оправдать (сделать праведными)* нас.

Наконец, в двенадцатом стихе мы читаем: «*Он излил Самого Себя до смерти*» (Синод. перевод: «*предал душу свою до смерти*»). Сравните эти слова с тем, что говорится в книге Левит 17:11:

> *Потому что душа тела в крови, и Я назначил ее вам для жертвенника, чтобы очищать* (дословно: «совершать искупление») *души ваши, ибо кровь сия душу очищает* («ибо кровь есть причина жизни, которая производит искупление»).

Таким образом, когда Иисус излил последнюю каплю Своей крови на кресте, Он излил (отдал до конца) Свою душу. Он уступил Свою душу в качестве искупления, приношения за грех. Он умер нашей смертью. Он стал приношением за наш грех. Затем, вернувшись к жизни от смерти, Он получил способность передавать нам Свою праведность.

«*Он увидит Свое потомство*». Мы, которые через веру в Него приходим к Богу и рождаемся заново, становимся Его потомством.

«Он продлил Свои дни» – во веки веков. Он воскрес снова к вечной жизни.

«Благорасположение (буквально: *воля*) *Господа будет успешно выполняемо в Его руке»*. Он стал инструментом выполнения всех Божьих целей на земле.

Поразмышляйте особенно над утверждением, что *«Он излил Самого Себя (Свою душу) до смерти»*. Он излил Свою кровь. Осознавали вы когда-нибудь то, что когда кровь Иисуса была пролита на кресте, вся жизнь Всемогущего Бога была отдана во искупление этого мира. Есть больше силы в одной капле крови Иисуса, чем во всей силе греха и беззакония во всем мире. Когда Иисус отдал Самого Себя на крест и излил Свою душу в пролитии Своей крови, Он сделал доступными для нас все богатства и ресурсы вечной и нескончаемой жизни Бога. Затем, когда Он воскрес из мертвых, Он пришел, чтобы предложить нам мир и полное прощение. Вот таким образом Он, как наш кровный Искупитель, нанес поражение нашему врагу и восстановил нас в нашем наследстве.

5

ВОСКРЕСЕНИЕ

Величайшим событием всей истории до этого времени является воскресение Иисуса Христа. Это сердце христианского послания. На самом деле, без воскресения нет никакого христианского послания. Все наше послание этому миру вращается вокруг смерти и воскресения Иисуса Христа.

Это не философия, и не теория — это исторический факт. Если бы это не являлось фактом, тогда бы все наше послание вообще не имело никакого смысла. Если это только теория или философия, то у нее нет силы помочь человечеству. Но, благодарение Богу, это является историческим фактом. Первое послание Коринфянам 15:1-4:

Напоминаю вам, братия, Евангелие, которое я благовествовал вам, которое вы и приняли, в котором и утвердились, которым и спасаетесь, если преподанное удерживаете так, как я благовествовал вам, если только не тщетно уверовали. Ибо я первоначально преподал вам, что и сам принял, то есть, что Христос умер за грехи наши, по Писанию, и что Он погребен был, и что воскрес в третий день, по Писанию...

Исторические факты Евангелия

Евангелие Иисуса Христа содержит три простых исторических факта. Многие люди имеют лишь смутное представление, что такое Евангелие. Они связывают его с чем-то, что является прежде всего эмоциональным или субъективным. Но это неверное представление. Евангелие основывается не на чем-то субъективном или эмоциональном, но на простых, жизненных, исторических фактах — событиях, которые действительно имели место в истории человечества и были подтверждены многими надежными свидетельствами.

Павел говорит нам, что Евангелие, которое он проповедовал — это именно то Евангелие, которое является основанием для спасения. Во-первых, оно сконцентрировано на Личности Христа. Во-вторых, оно сосредоточено вокруг трех великих исторических фактов, которые связаны с Иисусом Христом. Без Иисуса нет Евангелия. Мы должны понять, что Евангелие — это не набор человеческих мнений, не теоретическая и не философская система. Это цепь фактов, которые укоренены в истории.

Какие эти три исторических факта, которые относятся к Иисусу Христу и составляют Евангелие? Первый факт — Он *умер*. Второй факт — Он был *погребен*. И третий факт — Он *воскрес* снова на третий день. Вам необходимо запечатлеть их в вашем сознании и вашем сердце таким образом, чтобы вы никогда не смогли их забыть, потому Павел, в послании христианам города Коринфа говорит: *«Это те факты, которыми вы спасаетесь — если только не тщетно уверовали»*. Павел говорит, что если они когда-нибудь перейдут от этих фактов к каким-то религиозным теориям, фантазиям, или субъективным переживаниям, тогда их уверование окажется тщетным. Поэтому, воспользуйтесь этой возможностью, и силой Духа Святого произведите неизгладимый отпечаток в своем сердце и в своем сознании этих трех ключевых, центральных фактов, которые образуют Евангелие: Христос умер, Он был погребен, и воскрес на третий день.

Павел дает два вида подтверждения для этих исторических фактов. Во-первых, они подтверждены пророческим Писанием Ветхого Завета. Во-вторых, они подтверждены свидетельством многих надежных свидетелей.

Нам очень важно увидеть, что первым подтверждением этих фактов является не свидетельство людей, которые являлись очевидцами тех событий, хотя это также очень важно. Первостепенным по важности подтверждением является пророческие Писания Ветхого Завета. Весь Новый Завет постоянно подчеркивает тот факт, что пророческие Писания Ветхого Завета нашли свое исполнение — что ни одно из них не сможет быть нарушено. Иисус подчеркивал это, Его апостолы делали ударение на этом, и тема исполнения предреченного пророками Ветхого Завета проходит красной нитью через весь Новый Завет — как в жизни Самого Иисуса, так и в последующей деятельности Его апостолов и Ранней Церкви. Опять и опять, одна фраза повторяется подобно припеву песни: *«должно было исполниться и исполнилось написанное пророками»*.

Это означает, что первоначальным подтверждением истины воскресения, должно быть то, что воскресение было предсказано в Писаниях Ветхого Завета. Поэтому в Новом Завете мы встречаемся не с чем-то новым или не предсказанным заранее. Наоборот, знающий Писания Ветхого Завета, знает и то, что воскресение Христа было предсказано. Оно было предсказано не только в Ветхом Завете, но и Сам Иисус ясно предсказывал Свое Собственной воскресение, поскольку был знаком с Писаниями ветхозаветных пророков.

Далее, вторым источником подтверждения является свидетельство многих надежных очевидцев, которые видели Иисуса и общались с Ним после того, как Он воскрес из мертвых.

Таким образом, мы имеем три факта: (1) Иисус умер, (2) Он был погребен, (3) Он воскрес опять; и мы имеем два источника подтверждения: (1) пророческие Писания Ветхого Завета и (2) свидетельство многих заслуживающих доверия очевидцев.

Позвольте указать на пять деталей, связанных с воскресением и подтверждающих его:

1. Это было подтверждено значительно большим количеством надежных свидетелей, чем это требуется согласно закону для установления какого-то факта.

2. Это произвело радикальную и необратимую перемену в тех свидетелях, которые до этого не были удовлетворены никакими другими объяснениями.

3. Верность своему свидетельству стоило многим из них жизни. Никакой материальной выгоды от этого они не получили.

4. Это произвело радикальные и устойчивые изменения в курсе истории. Течение истории никогда не возвращалась в старое русло, и нет другого удовлетворительного объяснения такому изменению.

5. Воскресший Христос Сам лично продолжал открываться живым бесчисленным миллионам людей, живущим в последующие столетия, и я являюсь одним из них.

В 1941 году, когда я служил в Британской армии, однажды ночью в помещении барака я получил прямое, личное откровение Иисуса. Я не был довольно религиозным человеком. Я не был тем, кто искал чего-то особенного, фантастичного или необычного. Не было ничего необычного в моей философии на тот момент. Но Иисус открылся мне настолько неподдельным и личным образом, что, начиная с того дня и до сих пор, я не могу сомневаться в том, что Он жив. А если Он жив, то это самый важный факт истории.

Чем отличается христианство

В связи с тремя фактами Евангелия, о которых сказал Павел, позвольте мне указать вам три аспекта, в которых христианство, основанное на этих фактах, отличается от любой другой мировой религии.

Во-первых, христианство полностью сконцентрировано на личности. Это Личность — Иисус из Назарета. И дело совсем не в том, что Он принес учение Евангелия, но в том, что на Его жизни, смерти и воскресении сконцентрировано все Евангелие. Вы не сможете удалить Иисуса и остаться с Евангелием. Вы не сможете удалить Иисуса и иметь Новый Завет. Однако в других религиях дело обстоит иначе. Вы смогли бы, например, спокойно убрать Мухаммеда и заменить его кем-то другим, и с другим именем и из другого века. Этот другой человек мог бы придти с теми же самыми теориями, потому что религия Мухаммеда основана на теориях, а не на исторических фактах. Существуют исторические факты, связанные с ней, но они не влияют на сущность ее истин. Однако, в случае с христианством эти исторические факты об Иисусе являются центральными для истин Евангелия и христианства. Если бы они не произошли, то Евангелие никогда не смогло бы быть представлено человечеству.

Второй отличительный аспект христианства заключается в том, что оно укоренено в истории. Как уже было подчеркнуто, это не что-то субъективное или теоретическое. Это не плавание в смутной реальности субъективных истин, теорий или учений. Оно сосредоточено непосредственно в фактах человеческой истории. Если истинны события, на которых оно основывается, тогда истинно и христианство. Если они не истинны, в таком случае христианство не является истинным. Либо так, либо иначе. Это полное посвящение определенным историческим фактам.

В-третьих, христианство утверждает, что оно будет удостоверено личным опытом тех, кто поверит, и построит свою жизнь на основании этих трех жизненных фактов: смерти Христа, Его погребении, и Его воскресении. Вера в Иисуса и эти факты, связанные с Ним, произведут удивительную, сверхъестественную перемену в жизни каждого, кто поверит.

Итак, христианство укоренено в человеческом опыте. Оно укоренено в личной истории каждого, кто поверит и примет его. Это выводит его из разряда теорий. Важно отметить это, потому что так много людей сегодня рассматривают христианство лишь как еще одну религию в ряду других − как еще один набор теорий или моральных принципов. Такое понимание не соответствует действительности. Христианство отличается от других религий, которые являются теориями или моральными принципами, потому что оно основано непосредственно на человеческой истории и человеческом опыте. Оно может стоять только потому, что подтверждается историческими фактами и человеческим опытом − оно связано с ними и основывается на них.

Почему люди отвергают христианство

Воскресение Иисуса Христа это исторический факт, и, тем не менее, конечно же, есть много людей, которые отвергают это. Почему они отвергают это? Почему они не примут это явное свидетельство? Скажу вам, что есть две основные причины. Первая является психологической, вторая − духовной. Психологически люди противятся осознанию возможности Божьего прямого, сверхъестественного вмешательства в свои дела. Их оскорбляет мысль, что Бог может каким-то образом изменить то, что они считают установленным ходом событий. Однако, нет никакой логической или научно обоснованной причины для такого отношения. Я имел смелость говорить с некоторыми мировыми авторитетами, поскольку когда-то был профессором философии, и одним из предметов, который я изучал детально, была научная логика. Пред лицом мировых светил науки я не боялся заявлять, что наука не может предложить никакого логического довода, почему воскресение Иисуса Христа не могло произойти. В то время, как утверждать, что этого не произошло — ненаучно. Совсем ненаучно отвергать весомые доказательства того, что это событие имело место в человеческой истории.

Вторая причина, почему люди находят трудным поверить в воскресение Иисуса, является духовной. Это ясно указано Павлом во Втором послании Коринфянам 4:3-4:

Если же и закрыто благовествование наше, то закрыто для погибающих, для неверующих, у которых бог века сего ослепил умы, чтобы для них не воссиял свет благовествования о славе Христа, Который есть образ Бога невидимого.

В Писании «бог века сего» — это одно из многих титулов сатаны. Как уже было сказано, сатана является убийцей, вором, забирающим жизнь (в то время как Иисус дарует жизнь). На кресте Иисус встретил и победил сатану. Христос нанес ему поражение — окончательное и вечное. С того дня сатана не имеет ответа на крест. Крест оглашает его приговор. Крест свел на нет сатанинскую власть доминирования над человечеством и подверг его же самого той жестокой воле и бесконечным агониям — эмоциональные, физические и духовные, за которые он же и несет ответственность. Поэтому сейчас сатана имеет одну первостепенную цель: удержать мужчин и женщин от понимания той истины, что произошло, когда Иисус умер и воскрес из мертвых.

Логично и неизбежно

С точки зрения Бога воскресение Иисуса было как логично, так и неминуемо. Оно было Божьим доказательством послушания и праведности Его Сына, Иисуса. Павел говорит об этом в Послании Римлянам 1:1-4:

Павел, раб Иисуса Христа, призванный Апостол, избранный к благовестию Божию, которое Бог прежде обещал через пророков Своих, в святых писаниях, о Сыне Своем, Который родился от семени Давидова по плоти и открылся Сыном Божиим в силе, по духу святыни, через воскресение из мертвых, о Иисусе Христе Господе нашем.

Во плоти Иисус был потомком Давида, но в Свей вечной сущности Он был Сыном Божьим и нашим Господом. Бог провозгласил, что Иисус — Его Сын, воскресив Его из мертвых. Воскресение — это самое великое подтверждение Бога о Его Сыне. Это открытое доказательство для всей Вселенной, того, что Иисус — не смотря на то, что Он умер смертью преступника и был отвержен людьми — был действительно Сыном Божьим и нашим Господом. Вот вывод, который был сделан мной в моей книге *Твердое основание христианской жизни*, в разделе озаглавленном «Воскресение мертвых».

Прежде чем быть распятым, Христос предстал пред двумя людскими судами: во-первых, синедрионом (религиозным судом иудеев), а затем перед мирским судом римского правителя Понтия Пилата. Оба эти суда отвергли притязания Иисуса быть Сыном Божьим и осудили Его на смерть. Более того, оба эти суда объединили свои усилия, чтобы предотвратить всякую возможность вскрытия гробницы Иисуса. Для этого синедрион поставил особую печать, а римский губернатор — вооруженную охрану.

Однако на третий день вмешался Сам Бог. Печать была сломана, вооруженная охрана парализована, а Иисус вышел из гробницы. Этим актом Бог отменил решения синедриона и римского губернатора и публично подтвердил, что Христос таки является безгрешным Сыном Божьим.

Правосудие Божье было подтверждено воскресением Иисуса. Он был отвергнут человеческим судом как преступник, но Бог посредством воскресения подтвердил Его право быть Сыном Божьим.

Какой должна быть наша реакция? Здесь есть прекрасный отрывок, описывающий реакцию женщин, которые были первыми свидетельницами воскресения. Евангелие от Матфея 28:8-9:

И, выйдя поспешно из гроба, они со страхом и радостью великою побежали возвестить ученикам Его. Когда же шли они возвестить ученикам Его, и се Иисус встретил их и сказал: радуйтесь! И они, приступив, ухватились за ноги Его и поклонились Ему.

Что еще мы можем сделать, когда мы осознаем, Кто Он и что Он сделал? Нет другой более соответствующей реакции, кроме того, что сделали те женщины: упасть к Его ногам и поклоняться Ему.

6

СОГЛАСНО ПИСАНИЮ

Писания Ветхого Завета показывают нам, что воскресение было ясным образом предсказано. Также, по мере того как возрастает наше понимание воскресения, эти Писания предоставляют нам изумительные примеры удивительной точности Библейских пророчеств.

Мы уже рассмотрели то, что, как утверждал Павел, является сутью Евангелия. Первое послание Коринфянам 15:3-4:

Ибо я первоначально преподал вам, что и сам принял, то есть, что Христос умер за грехи наши, по Писанию, и что Он погребен был, и что воскрес в третий день, по Писанию.

Из стиха четвертого мы понимаем, что слово *«Писание»* подразумевает то, что мы называем Ветхим Заветом. Во времена, когда писал Павел, Новый Завет еще не был завершен и не был причислен к канону Писания. Павел говорит, что Евангелие состоит из трех исторических фактов: (1) Христос умер за наши грехи, (2) был погребен, и (3) воскрес опять на третий день. При этом он говорит, что единственным величайшим авторитетом для каждого из этих утверждений является то, что они были исполнением пророчество Ветхого Завета — все это произошло «*по (т.е. согласно) Писанию*». Он ставит авторитет Писания выше свидетельства очевидцев воскресения, к которым он переходит позднее. Первоначальное подтверждение воскресения Христа было найдено в пророческих Писаниях Ветхого Завета. Естественно было бы спросить самих себя, какие места Писания подразумевает Павел? Какие места Ветхого Завета предсказывали воскресение Иисуса Христа?

Факты, касающиеся пророчеств Ветхого Завета

Однако, перед тем как мы ответим на этот вопрос, нам необходимо понять принцип истолкования пророчеств Ветхого Завета, когда оно касается Христа (Мессии). Апостол Петр объясняет этот принцип в Первом послании Петра 1:10-12:

> *К сему-то спасению относились изыскания и исследования пророков, которые предсказывали о назначенной вам благодати, исследывая, на которое и на какое время указывал сущий в них Дух Христов, когда Он предвозвещал Христовы страдания и последующую за ними славу. Им открыто было, что не им самим, а нам служило то, что ныне проповедано вам благовествовавшими Духом Святым, посланным с небес, во что желают проникнуть Ангелы.*

Нам необходимо помнить эти три основные факта, касающиеся пророчеств Ветхого Завета:

1. Дух Христов (Мессии) говорил через пророков Ветхого Завета от первого лица.

2. Дух Христов в них предсказывал два факта, касающиеся Христа (Мессии): во-первых, Его

страдания; во-вторых, славу, которая последует за Его страданиями.

3. Их послание не касалось их собственного поколения, но верующих в Новом Завете.

Исполнение пророчеств

Давайте рассмотрим два особых примера этому из того, что написал пророк Давид в книге Псалмов. Помните о том, что Новый Завет называет Давида пророком. Многое из того, что было написано Давидом и другими авторами книги Псалтирь, является пророчеством. Наш первый пример взят из Псалма 21:17-19:

Ибо псы окружили меня, скопище злых обступило меня, пронзили руки мои и ноги мои. Можно было бы перечесть все кости мои; а они смотрят и делают из меня зрелище; делят ризы мои между собою и об одежде моей бросают жребий.

Давид от первого лица перечисляет ряд вещей, которые никогда не происходили с ним. *«Они пронзили Мои руки и Мои ноги»* – этого никогда не было с Давидом. *«Они делят Мою одежду между собой»* – и этого не было с Давидом. *«Об одежде Моей бросают жребий»* – этого также никогда не случалось с самим Давидом. Тем не менее, обо всем этом Давид говорит от первого лица. Какое этому можно дать объяснение? Оно в Первом послании Петра 1:10-12: это Дух Христов (Мессии) говорит через пророков (кем был и Давид) и описывает те события, которые никогда не происходили с пророками, произносившими их, но которые исполнились в жизни Иисуса.

Псалом 68:21–22:

Поношение сокрушило сердце мое, и я изнемог, ждал сострадания, но нет его, – уте-

шителей, но не нахожу. И дали мне в пищу желчь, и в жажде моей напоили меня уксусом.

Здесь Давид опять от первого лица говорит и описывает то, чего никогда не происходило в его жизни. *«В жажде Моей напоили Меня уксусом»* − не записано нигде, что это когда-либо происходило с Давидом. Однако события, которые здесь описаны, произошли с Иисусом, и это было тщательным образом записано в Новом Завете. Многие из этих событий из того, что записал Давид в Псалмах, исполнились не в его жизни, но в жизни Иисуса в Новом Завете. Евангелие от Матфея 27:34−35:

...Дали Ему пить уксуса, смешанного с желчью; и, отведав, не хотел пить. Распявшие же Его делили одежды Его, бросая жребий...

Обратите внимание на детали, которые Давид относит к самому себе, но не исполнившиеся в его жизни − они *были* исполнены при распятии Христа. Матфей, который написал это Евангелие, говорит, что это случилось, чтобы могло исполниться то, что было сказано через пророка. Другими словами, это было исполнение пророчества Ветхого Завета.

Другой пример того же самого принципа находится в пророчествах Исаии. Мы находим, что Дух Христов (Мессии) говорил через Исаию в первом лице, те вещи, которые никогда не происходили с Исаией, но которые исполнились в Иисусе. Книга пророка Исаии 50:5−6:

Господь Бог открыл Мне ухо, и Я не воспротивился, не отступил назад. Я предал хребет Мой биющим и ланиты Мои поражающим; лица Моего не закрывал от поруганий и оплевания.

Нигде нет описания или предположения, что что-то подобное когда-нибудь произошло в жизни

Исаии, и, тем не менее, пророк говорит в первом лице, как если бы это произошло с ним. Какое этому может быть объяснение? Это Дух Христов (Мессии) в Исаие говорит о том, что нашло свое исполнение в жизни Иисуса. Новый Завет опять очень подробно описывает исполнение этих событий.

Прежде всего, говоря об Иисусе после того, как Он был арестован, Матфей свидетельствует — Евангелие от Матфея 26:67:

Тогда плевали Ему в лице и заушали Его; другие же ударяли Его по ланитам.

Далее, мы читаем в Книге пророка Исаии 50:6:

Я предал хребет Мой биющим и ланиты Мои поражающим; лица Моего не закрывал от поруганий и оплевания.

Это исполнилось в точности в жизни Иисуса, а не Исаии (см. Марк. 14:65, 15:20).

Мы читаем опять об Иисусе в Евангелии от Матфея 27:26:

Тогда (Понтий Пилат) отпустил им Варавву, а Иисуса, бив, предал на распятие.

Обратите внимание, что Иисус был подвергнут бичеванию перед тем как был распят. Это должно было произойти, потому что в Книге пророка Исаии 50:6 сказано: «*Я предал хребет Мой биющим*». При бичевании Иисуса эти слова исполнились. Они не исполнились в Исаии, но они исполнились в Иисусе.

Предсказания воскресения

Мне бы хотелось развить эту тему далее и поделится с вами двумя особыми предсказаниями воскресения Христа из псалмов Давида. Мы применим это принцип пророчеств Ветхого Завета к писаниям

Давида в книге Псалмов, и особенно к писаниям, которые предсказывают воскресение Иисуса. Псалом 15:8–11:

> *Всегда видел я пред собою Господа, ибо Он одесную меня; не поколеблюсь. От того возрадовалось сердце мое и возвеселился язык мой; даже и плоть моя успокоится в уповании, ибо Ты не оставишь души моей в аде и не дашь святому Твоему увидеть тление, Ты укажешь мне путь жизни: полнота радостей пред лицем Твоим, блаженство в деснице Твоей вовек.*

Обратите внимание, что все время Давид говорит от первого лица, тем не менее, многие вещи, о которых он говорит, не происходили в его жизни.

Прежде всего, он говорит: *«Моя плоть успокоилась в уповании»* – здесь он говорит о теле, которое было погребено, но погребено в надежде воскресения.

Затем он говорит: *«Ты не оставишь Моей души в аде* (евр. Шеол, греч. Гадес)*»* – пророк говорит о ком-то, чья душа спустилась в ад (Шеол) – место отторгнутых духов – но не осталась там.

«И не позволишь святому Твоему увидеть тление» – здесь Давид говорит о ком-то, чье тело было погребено, но не подверглось процессу разложения, и эта личность названа здесь *«святой Божий»*.

В следующем стихе он говорит: *«Ты покажешь Мне путь жизни»*. Таким образом, некто был мертв и погребен, и, тем не менее, вернулся опять на путь жизни.

Затем пророк говорит: *«Полнота радостей пред лицом Твоим; по правую руку Твою блаженство вовек»*. Эта личность, которая умерла и была погребена и опять вернулась к жизни, попала в непосредственное присутствие Божье и заняла место по правую руку Бога.

Ничто из этого не произошло с Давидом, но все это произошло с Иисусом.

В Деяниях 2:24-28 апостол Петр, обращаясь к огромной толпе евреев в день Пятидесятницы, отнес это пророчество Давида к Иисусу:

> *... Но Бог воскресил Его, расторгнув узы смерти, потому что ей невозможно было удержать Его. Ибо Давид говорит о Нем: видел я пред собою Господа всегда, ибо Он одесную меня, дабы я не поколебался. От того возрадовалось сердце мое и возвеселился язык мой; даже и плоть моя упокоится в уповании, ибо Ты не оставишь души моей в аде* (греч. Шеол) *и не дашь святому Твоему увидеть тления. Ты дал мне познать путь жизни, Ты исполнишь меня радостью пред лицем Твоим.*

Затем в следующих стихах Петр идет дальше и истолковывает эти слова и показывает то, как они в точности исполнились в Иисусе, и не могут быть применимы к Давиду. Деяния 2:29-33:

> *Мужи братия! да будет позволено с дерзновением сказать вам о праотце Давиде, что он и умер и погребен, и гроб его у нас до сего дня*

Итак, вот историческое доказательство, что эти слова о воскресении не исполнились на Давиде. Он говорит: «Я могу вас взять к гробнице и показать вам то место, где он был похоронен и откуда он не воскрес».

> *Будучи же пророком и зная, что Бог с клятвою обещал ему от плода чресл его воздвигнуть Христа* (Мессию) *во плоти и посадить на престоле его, Он прежде сказал о воскресении Христа* (Мессии), *что не оставлена душа Его в аде, и плоть Его не видела тле-*

ния. Сего Иисуса Бог воскресил, чему все мы свидетели. Итак Он, быв вознесен десницею Божиею и приняв от Отца обетование Святаго Духа, излил то, что вы ныне видите и слышите.

Петр говорит, что все это случилось не с Давидом, но исполнилось в точности с Иисусом. Пророчески сказанное Давидом в Псалмах исполнилось в воскресении Христа. Это душа Христа спустилась в ад, но не осталась там. Это плоть Христа в гробнице не увидело тления. Петр суммирует это такими сильными словами: *«Этого Иисуса Бог воскресил, чему мы все являемся свидетелями».*

Предсказание о воскресении Иисуса, как мы видели это в Псалме 16, может быть суммировано следующим образом:

– В Новом Завете его цитировали Петр и Павел, и каждый из них относил его к Иисусу.

– Это пророчество не может быть применено к Давиду.

– Оно указывает на то, что душа Иисуса должна была сойти в ад (Шеол), но не остаться там.

– Тело Иисуса должно было быть положено в гроб, но не должно подвергнуться тлению.

– Через воскресение Иисус должен был вернуться (быть восстановлен) в присутствие Бога Отца.

Давайте исследуем другой отрывок из книги Псалтирь, где Давид опять говорит в первом лице. Он пишет о том, чего никогда не случилось с ним, но что в точности исполнилось в жизни Мессии, Который, конечно же, был – как было предсказано в других местах Писания – потомком Давида. В Псалме 70:20–21 Давид обращается к Богу с такими словами:

Ты посылал на меня многие и лютые беды, но и опять оживлял меня и из бездн земли опять выводил меня. Ты возвышал меня и утешал меня.

Поистине удивительно, как точно было предсказано — шаг за шагом и фаза за фазой — то, что произошло с Иисусом. Давайте посмотрим сначала на порядок событий, записанный в этом псалме.

Прежде всего, *«Ты посылал на меня многие и суровые бедствия»* (при рассмотрении пророчеств мы используем перевод Библии NKJB, которым пользуется автор — примеч. редактора). Явно, что это исполнилось в Иисусе — в Его искушении, отвержении, бичевании, и наконец распятии и смерти. Но псалмопевец идет далее: *«Ты оживишь меня опять и из бездн земли опять выведешь меня»*. Это описывает два события: (1) душа Иисуса была возвращена из ада (Шеола), и (2) Его тело было выведено назад из гроба. Это одно из самых ясных утверждений о физическом воскресении, какое может быть где-то еще найдено в Ветхом Завете. Здесь сказано: *«Ты выведешь меня опять из глубин земли»*. Но сначала Бог должен был оживить Его — вернуть Его назад к жизни. Затем Он вывел Его из гроба. Это та же последовательность, какую подчеркивает Новый Завет.

Затем, после воскресения, псалмопевец идет далее, говоря: *«Ты увеличишь мое величие (возвысишь Меня), и утешишь меня со всех сторон»*. Опять-таки, Новый Завет в точности описывает то, как это произошло с Иисусом. Бог не просто воскресил Его, но вознес Его на Небо и дал Ему воссесть по правую Свою руку на Престоле, одесную Себя. Вне всякого сомнения, Бог возвысил Его. Новый Завет говорит, что Он был превознесен превыше всякого начальства и власти и силы и господства, и всякого имени, что ангелы и начальства и силы были подчинены Ему (см. Ефесянам 1:20-23, Римлянам 8:38).

Несомненно, Он был вознесен, но псалмопевец говорит также, что: *«Ты... утешишь меня со всех сторон»*. Иисус не просто занял позицию высшей власти и чести во Вселенной, но Он также был утешен Своим возвращением в лоно Отца, от которого Он был на короткое время отторгнут для того, чтобы вкусить смерть.

Мы можем суммировать это двумя утверждениями: (1) Иисус перенес великие и причиняющие сильную боль бедствия. (2) Но Он был снова возвращен к жизни, выведен из глубин земли и восстановлен на Своем месте чести по правую руку Бога.

Предсказанное Осией

Наше следующее предсказание воскресения Христа находится у пророка Осии. Это место в Книге пророка Осии имеет уникальную особенность: оно дано от первого лица *множественного* числа, а не единственного. Осия использует местоимение *мы*, а не *я*.

Однако, перед тем как мы рассмотрим эти стихи, я хотел бы сделать напомнить, что Павел ссылается на пророчество Осии в Первом послании Коринфянам 15:3-4:

Ибо я первоначально преподал вам, что и сам принял, то есть, что Христос умер за грехи наши, по Писанию, и что Он погребен был, и что воскрес в третий день, по Писанию...

Обратите внимание на последнюю фразу: *«Он воскрес опять – на третий день – согласно Писанию»*. Павел подчеркивает, во-первых, что Он воскрес на третий день, и, во-вторых, Его воскресение на третий день является исполнением Писания Ветхого Завета. Этот отрывок Нового Завета подчеркивает тот факт, что, согласно пророчества, Иисус должен был воскреснуть на третий день.

Это поднимает очень интересный вопрос: какое Писание Ветхого Завета было исполнено благодаря воскресению Иисуса на третий день? Место Писания, которое делает ударение на третий день, находится в Книге пророка Осии 6:1-2:

> *В скорби своей они с раннего утра будут искать Меня и говорить: «пойдем и возвратимся к Господу! ибо Он уязвил — и Он исцелит нас, поразил — и перевяжет наши раны* (по сути, это является обетованием исцеление и восстановления)*; оживит нас через два дня, в третий день восставит нас, и мы будем жить пред лицем Его.*

Обратите внимание слова, которые явным образом подчеркнуты здесь: *«Оживит нас через два дня* (вернет нас назад к жизни)*; в третий день восставит нас»*. Это в точности исполнилось в Иисусе спустя два дня. Бог оживил Его на третий день. Он воскресил Его из гроба. Но интересной особенностью является то, что Осия говорит *«нас»*, а не *«Меня»* (т.е. Мессию). Другими словами, хотя это относится к Иисусу, это не ограничивается Иисусом.

Здесь работает важный принцип: пророчества Ветхого Завета не просто предсказывали факты, но они также открывали духовный смысл фактов, о которых говорили. Это особенно истинно в отношении данного пророчества. Прежде всего, Осия предсказывает, что воскресение Иисуса будет иметь место на третий день. Но затем он идет далее — его слова подразумевают, что воскресение Иисуса, в каком-то смысле, будет также и нашим воскресением — то есть мы, верующие, отождествлены с Иисусом в Его воскресении.

Отождествленные с Иисусом

Наше отождествление со Христом ясно видно из Нового Завета. Это двойное отождествление. Сначала Иисус отождествил Самого Себя с нами, став человеком. Он стал заместителем грешников, и Он занял место грешников. Однако, наше спасение приходит только тогда, когда мы, в свою очередь, отождествляем самих себя с Ним — во-первых, в смерти, а затем и в воскресении. В Послании Ефесянам 2:4-6 Павел описывает кульминационный момент этого отождествления:

*Бог, богатый милостью, по Своей великой любви, которою возлюбил нас, и нас, мертвых по преступлениям, **оживотворил** со Христом, — благодатью вы спасены, — и **воскресил с Ним, и посадил на небесах** во Христе Иисусе...* (выделение сделано автором)

Обратите внимание на то, что все это происходит *вместе* с Иисусом. Три действия мы разделяем с Ним: во-первых, мы оживотворены; во-вторых, мы воскрешены; в-третьих, мы посажены вместе на небесах, возведены на престол вместе с Ним.

Иисус отождествил Самого Себя с нами в наших грехах и в Своей смерти понес наказание за наш грех. Однако, после этого, во всех последующих событиях — погребении, воскресении и вознесении — мы, по вере, отождествляемся с Иисусом. Вот о чем говорит Осия.

Более того, Новый Завет говорит ясно и очень подробно, что внешним действием нашего отождествления с Иисусом является водное крещение. Об этом сказано в Послании Колоссянам 2:12:

Вы погребены с Ним в крещении, в Нем вы и совоскресли верою в силу Бога, Который воскресил Его из мертвых.

Итак, первое и самое важное, мы отождествились в крещении с Иисусом в Его погребении, но, будучи отождествлены с Ним в Его погребении, мы также отождествились с Ним в Его воскресении. Послание Римлянам 6:4:

Итак мы погреблись с Ним крещением в смерть, дабы, как Христос воскрес из мертвых славою Отца, так и нам ходить в обновленной жизни.

Принцип такой. Когда мы верим и принимаем крещение, тогда мы отождествляемся с Иисусом в погребении. Будучи отождествлены с Ним в погребении, затем мы проходим — с Ним — каждый последующий шаг. Мы оживаем. Мы воскресаем. Мы восходим на Престол. Обратите внимание, насколько точно это соответствует порядку проведения крещения.

Что следует за воскресением

Теперь я хотел бы вернуться к пророчеству Осии. Давайте исследуем, что следует за предсказанием, которое мы уже рассмотрели. Книга пророка Осии 6:1-2:

В скорби своей они с раннего утра будут искать Меня и говорить: «пойдем и возвратимся к Господу! ибо Он уязвил — и Он исцелит нас, поразил — и перевяжет наши раны; оживит нас через два дня, в третий день восставит нас, и мы будем жить пред лицем Его...»

Как уже было сказано, это нашло свое исполнение в жизни Иисуса, однако Осия делает еще один шаг дальше. Осия предвидит — Духом Святым — что мы, те которые уверовали, будем отождествлены с Иисусом в воскресении на третий день. Книга пророка Осии 6:3:

... Итак познаем, будем стремиться познать Господа; как утренняя заря — явление Его, и Он придет к нам, как дождь, как поздний дождь оросит землю.

Пророк Осия дает здесь дальнейшее откровение о том, что следует за воскресением Иисуса. Но это откровение только для тех, кто следует далее, кто стремится познать Бога. Это не для тех, кто просто бегло прочитывает Писание, но для тех, кто читает Писание с открытым сердцем и сознанием, ища истину, которую желает открыть Бог. Интересно, что свидетелями земной жизни Иисуса были все, кто того хотел — верующие и неверующие, друзья и враги — однако, с момента Его воскресения, откровение Его воскресения и всего, что за этим последовало, было даровано только тем, кто исполнил духовные требования — *«познали и стремились познать Господа»*.

Для тех, кто следовал далее, кто стремился познать Бога, сделаны два следующих утверждения. Первое: *«Как утренняя заря — явление Его»*. Это относится к Его выходу из гроба. Это сравнено с восходом солнца. Затем, после воскресения говорится: *«Он придет к нам, как дождь, как поздний дождь оросит землю»*. Во всем Писании, особенно в Книге пророка Иоиля — которая следует за Книгой пророка Осии — приход дождя на землю является прообразом сошествия Духа Святого на народ Божий. После воскресения наступает момент сошествия Духа Святого подобно дождю. Это исполнилось пятьдесят дней после воскресения — на день Пятидесятницы. Итак, вы можете видеть, насколько удивительную точность имеет это предсказание, и какие откровения оно несет. Здесь предсказано:

— Воскресение Иисуса произойдет на третий день.

— Наше отождествление с Иисусом в Его воскресении.

— Его воскресение будет подобно восходу солнца. Мы знаем, что воскресение не только было подобно рассвету, но произошло во время восхода солнца. Это был рассвет после продолжительной тьмы греха и смерти.

– Бог вернется к Своему народу в Духе Святом. Это возвращение будет подобно дождю. Это исполнилось в день Пятидесятницы.

В нашей следующей главе мы обратимся к тем, кто был свидетелем воскресения.

7

СВИДЕТЕЛИ ВОСКРЕСЕНИЯ

Мы подвергли проверке первоначальное подтверждение воскресения Христа — пророческие Писания Ветхого Завета. Мы также более подробно
рассмотрели некоторые отрывки Писаний, которые
предсказывали воскресение Христа в мельчайших
подробностях.

Сейчас мы обратимся ко второму главному подтверждению воскресения Христа — свидетелям, которые видели Его живым после воскресения.
Давайте опять обратимся к Первому посланию Коринфянам, прочитаем стихи 15:3-8:

*Ибо я первоначально преподал вам, что и
сам принял, то есть, что Христос умер за
грехи наши, по Писанию, и что Он погребен
был, и что воскрес в третий день, по Писанию, и что явился Кифе* (т.е. Петру), *потом
двенадцати; потом явился более нежели пя-
тистам братий в одно время, из которых
большая часть доныне в живых, а некоторые и почили; потом явился Иакову, также
всем Апостолам; а после всех явился и мне,
как некоему извергу.*

Свидетели

Итак, Павел устанавливает здесь три центральных факта Евангелия: Христос умер, был погребен и воскрес. Первым доказательством воскресения является исполнение пророческих Писаний Ветхого Завета. Затем Павел дает нам второй источник подтверждения — это свидетели, которые видели Иисуса живым после Его воскресения.

Согласно иудейскому закону, который имел силу во времена Иисуса и апостолов, для установления истинности утверждения в законном суде необходимо предоставить двоих, а лучше троих надежных свидетелей мужского пола. Этот принцип, который встречается много раз в Ветхом Завете, подтверждается и в Новом. Однако в этом отрывке Первого послания Коринфянам Павел, в действительности, упоминает более чем пять сотен таких свидетелей.

Давайте посмотрим на список свидетелей, который он предоставляет. Прежде всего, в стихе пятом, он говорит, что Кифа (апостол Петр) видел Его. Это обращает нас к Евангелию от Луки, где говорится о двух путников на дороге в Эммаус. Иисус в образе, в котором они сначала Его не узнали, присоединился к ним. Однако, когда Он вошел в дом вместе с ними и преломил хлеб, то Он был узнан ими и в этот момент исчез. Евангелие от Луки 24:33-34:

> *И, встав в тот же час, возвратились в Иеру-*
> *салим и нашли вместе одиннадцать Апосто-*
> *лов и бывших с ними, которые говорили, что*
> *Господь истинно воскрес и явился Симону.*

Таким образом, одиннадцать апостолов и те, которые собрались вместе с ними, в тот день узнали то, что Павел говорит в 15-й главе Первого послания Коринфянам — что в первый раз после Своего воскресения Господь явился Симону Петру (Кифе).

Затем Павел говорит, что воскресшего Иисуса также видели «двенадцать» — то есть апостолы. В

Новом Завете упомянуты разные по обстоятельствам явления Иисуса. Лука пишет относительно жизни и служения Иисуса в Деяниях 1:1-3:

Первую книгу (Евангелие от Луки) *написал я к тебе, Феофил, о всем, что Иисус делал и чему учил от начала до того дня, в который Он вознесся* (на Небо), *дав Святым Духом повеления Апостолам, которых Он избрал, которым и явил Себя живым, по страдании Своем, со многими верными доказательствами, в продолжение сорока дней являясь им и говоря о Царствии Божием.*

Итак, Лука говорит, что Иисус являл Себя живым апостолам после Своего воскресения и демонстрировал то, что Он жив, многими верными свидетельствами. Вот как, например, говорит об этом Евангелие от Иоанна 20:19-21:

В тот же первый день недели вечером, когда двери дома, где собирались ученики Его, были заперты из опасения от Иудеев, пришел Иисус, и стал посреди, и говорит им: мир вам! Сказав это, Он показал им руки и ноги и ребра Свои. Ученики обрадовались, увидев Господа. Иисус же сказал им вторично: мир вам! как послал Меня Отец, так и Я посылаю вас.

Иисус, в Своем воскресшем теле, смог пройти через закрытые двери и появиться внутри комнаты. Первое, Он призвал Свой мир на Своих учеников. Затем, и об этом говорится особо, *«Он показал им Свои руки и ребра»* со все еще видимыми следами распятия. Он сделал это для подтверждения того, что Он имеет то же самое тело, которое было подвергнуто распятию, а затем было воскрешено.

Затем, в списке свидетелей, данном в 15-й главе Первого послания Коринфянам Павел говорит о группе из более чем пяти сотен верующих, которые видели Его одновременно. Это не описано больше нигде в Новом Завете. Все, что мы знаем об этом, содержится в стихе 15:6. Вероятно это случилось в Галилее, поскольку Писание говорит, что Иисус назначил Своим ученикам встречу после воскресения в Галилее.

Затем в стихе седьмом этой же главы, Павел говорит, что Иисус явился Иакову − тому Иакову, который был братом Господа. Это не описано нигде больше в Новом Завете, но мы посмотрим на дальнейшее свидетельство самого Иакова в его послании (Иакова 1:1), где он представляется как *«Иаков, раб Бога и Господа Иисуса Христа»*. Во время земной жизни Иисуса Иаков, по-видимому, не был Его учеником, но в этом послании он говорит о себе, как о слуге Господа Иисуса Христа. Таким образом, совершенно ясно, что явление воскресшего Иисуса произвело глубокое и неизгладимое впечатление на Иакова.

Затем, в стихе восьмом Павел включает себя самого в качестве последнего свидетеля воскресения. Это относится к событию на дороге в Дамаск. В Деяниях 26:8-15 записаны слова Павла на допросе у царя Агриппы:

Что же? Неужели вы невероятным почитаете, что Бог воскрешает мертвых? Правда, и я думал, что мне должно много действовать против имени Иисуса Назорея. Это я и делал в Иерусалиме: получив власть от первосвященников, я многих святых заключал в темницы, и, когда убивали их, я подавал на то голос; и по всем синагогам я многократно мучил их и принуждал хулить Иисуса и, в чрезмерной против них ярости, преследовал даже и в чужих городах. Для сего, идя в Дамаск со властью и поручением от первосвященников, среди дня на дороге я увидел, государь, с неба свет, превосходящий солнечное сияние, осиявший меня и шедших со мною. Все мы упали на землю, и я услышал голос, говоривший мне на еврейском языке: Савл, Савл! что ты гонишь Меня? Трудно тебе идти против рожна. Я сказал: кто Ты, Господи? Он сказал: «Я Иисус, Которого ты гонишь...»

Это последнее откровение воскресшего Христа было дано Его гонителю и врагу, Савлу из Тарса, который затем стал апостолом Павлом. Этим откровением завершается список Павла, в котором он перечисляет различных свидетелей, которые видели Иисуса живым после Его воскресения из мертвых. Получается более пятьсот таких свидетелей.

Общие характерные особенности свидетелей

Мне хотелось бы указать на некоторые интересные отличительные черты, которые являются общими для этих свидетелей.

Во-первых, это были люди, которые никогда не стремились описать себя только с хорошей стороны – они говорили и о своих слабостях и о своих неудачах. Одна из самых интересных особенностей касающихся Библии состоит в том, что как те, кто писал Ветхий, так и те, кто писал Новый Завет, честно описывают собственные слабости и неудачи. Они не из тех, кто преувеличивает или хвалится. Они не делают попытки описать себя в особом свете, как непогрешимый род существ высшего порядка.

Во-вторых, все эти свидетели совершили переход из неверия в веру. Когда-то они не врили в воскресение, но затем уверовали. В случае с Павлом переход произошел не просто из неверия, но из активной оппозиции (из гонителя в посвященного свидетеля).

В-третьих, эта перемена произвела полную и безвозвратную революцию во всей их жизни. Они уже больше никогда не были прежними, какими были до того, как получили откровение воскресшего Христа.

В-четвертых, ни гонения, ни угроза смерти не могли заставить их отказаться от их свидетельства. Они действительно подвергались мучениям и зачастую лишались жизни, когда продолжали держаться этого откровения воскресшего Иисуса. Но ни давление, ни гонения не могли заставить их отказаться от их свидетельства. Они не переставали говорить: *«Мы должны говорить о том, что мы видели, и о том, что мы знаем».*

Поэтому я спрашиваю вас, также как и самого себя: Какое другое объяснение можно дать этим фактам, кроме того, что их свидетельство было истинным? Я не верю, что существует какое-либо еще разумное объяснение, кроме того, что они действительно свидетельствовали правду.

Мне хотелось бы закончить эту главу словами широко известного профессора истории из Кембриджского университета, моей «альма-матер». Профессор Маркус Доддс сказал следующее: *«Воскресение Иисуса – это один самых достоверных фактов человеческой истории».*

8

ЧТО ВОСКРЕСЕНИЕ ОЗНАЧАЕТ ДЛЯ НАС

В третьей главе мы увидели как Иисус, в качестве нашего кровного Искупителя, взял на Себя приговор смерти, который принадлежал нам, и отдал Свою душу, как жертву за наш грех, чем искупил нашу вину. На третий день после распятья Бог Отец отменил несправедливые решения двух человеческих судов (иудейского и римского), которые приговорили Иисуса к смерти, и подтвердил праведность Своего Сына воскресив Его из мертвых. Давайте исследуем, что воскресение Христа означает для нас.

Надежная печать

Первое, что мы должны увидеть в воскресении Иисуса (Который являлся нашим Представителем) – это надежную печать, стоящую на предложении Бога о прощении и спасении через Иисуса.

В Послании Римлянам 4:18-22 Павел объясняет, как вера Авраама в Божье обетование была *вменена* (букв. зачтена) *ему в праведность*. Затем он продолжает, применяя это к нам, тем, кто верит сегодня. Послание Римлянам 4:23-25:

А впрочем не в отношении к нему одному написано, что вменилось ему, но и в отношении к нам; вменится и нам, верующим в Того, Кто воскресил из мертвых Иисуса Христа, Господа нашего, Который предан за грехи наши и воскрес для оправдания нашего.

Слово «оправдание» — это технический теологический термин. Мы можем сделать такой перевод: «мы будем оправданы» или «нам будет зачтена праведности (правота)». Наверное, лучше всего объяснить, что значит быть оправданным, таким образом: «оправданный» означает «как если бы никогда не грешивший». Итак, безгрешная праведность Христа была вменена (зачтена) нам через веру.

В Послании Римлянам 4:25 Павел говорит нам, что Христос был *предан за грехи наши и воскрес для оправдания нашего*. Это подтверждение того, что оправдание грешника зависит от Христа, воскресшего из мертвых. Если бы Христос остался на кресте или в гробу, Божье обещание спасения и вечной жизни для грешного человека никогда бы не исполнилось. Только воскресший Христос, принятый и исповеданный в вере, может дать грешнику помилование, мир, вечную жизнь и победу над грехом. Послание Римлянам 10:9:

Ибо если устами твоими будешь исповедывать Иисуса Господом и сердцем твоим веровать, что Бог воскресил Его из мертвых, то спасешься.

Здесь говорится, что спасение зависит от: (1) открытого исповедания Иисуса Господом; (2) сердечной веры, что Бог воскресил Иисуса из мертвых. Таким образом, спасительная вера включает в себя веру в воскресение. Не может быть спасения для тех, кто не верит в воскресение Христа. Логическая и интеллектуальная честность не оставляет места для иного заключения. Если Христос не воскрес из мертвых, тогда Он не имеет силы прощать и спасать грешника. Но если Он воскрес из мертвых, как говорит Писание, тогда это является логичным подтверждением Его силы прощать и спасать. Этот логичный вывод, касающийся воскресения Христа, ясно установлен в Послании Евреям 7:25:

Посему и может всегда спасать приходящих чрез Него к Богу, будучи всегда жив, чтобы ходатайствовать за них.

Абсолютная логическая необходимость в том, чтобы Христос воскрес, как основание предлагаемого Богом спасения, устанавливается Павлом еще раз в Первом послании Коринфянам 15:14,17:

А если Христос не воскрес, то и проповедь наша тщетна, тщетна и вера ваша...

...если Христос не воскрес, то вера ваша тщетна: вы еще во грехах ваших.

Некоторые христиане имеют такое отношение, что все приобретенное через спасение, мы получаем на этой земле и во времени. Особенно мы хотим получить исцеление, преуспевание и всякого рода благословения. Но Павел говорит в Первом послании Коринфянам 15:19, что если наши ожидания ограничены только этой жизнью, тогда *«мы несчастнее всех людей»*. Я испытываю большую жалость к христианам, чьи надежды и ожидания ограничиваются только этой жизнью. Они несчастнее всех людей. Если не было воскресения, тогда мы достойны сожаления. У нас нет надежды. Могила – вот наше предназначение и итог нашей жизни. Но, слава Богу, что есть воскресение! Павел объясняет в послании Римлянам 10:9-10, что если вы хотите быть спасены, вы должны уверовать в воскресение:

Ибо если устами твоими будешь исповеды-

вать Иисуса Господом и сердцем твоим ве-
ровать, что Бог воскресил Его из мертвых,
то спасешься, потому что сердцем веруют
к праведности, а устами исповедуют ко спа-
сению.

Если ты не веришь, что Бог воскресил Иисуса
из мертвых, то ты потерянная душа. Ты не спасен,
и ты не можешь спастись. Не имеет значения, насколько ты религиозен и набожен, как часто ты хо-
дишь в церковь — если ты сам лично не веришь в
воскресение, то ты потерянная душа, направляюща-
яся в потерянную вечность.

Затем Павел идет далее, дискуссируя по поводу
воскресения, обращается к практике, когда один верующий принимал крещение вместо другого верующего. Первое послание Коринфянам 15:29:

Иначе, что делают крестящиеся для мерт-
вых? Если мертвые совсем не воскресают,
то для чего и крестятся для (ради) мерт-
вых?

Я не могу гарантировать абсолютно точного истолкования этого места Писания, но по моему пониманию это описывает ситуацию, в которой человек
спасен через веру в Иисуса, но не может быть кре-
щен. Например, преступник ожидающий казни, который пришел к познанию Господа во время
заключения, и он не может получить крещения. Поэтому другой верующий принимает крещение вместо него. Впрочем, это лишь моя теория, и вы не
обязаны верить в это. Но, как бы там ни было, Павел указывает на тот факт, что если нет воскресения,
то почему мы должны беспокоится о том человеке,
который будет мертв?

Состояние современного христианства с избытком подтверждает эти ясные утверждения Писания.
Те теологи, которые отвергают личное, физическое
воскресение Христа, могут заниматься моралью и

теориями, сколько им заблагорассудится, но чего они никогда не познают в своей жизни, это мир и радость прощения их грехов.

Как я уже сказал, воскресение Христа является надежной печатью на прощении и спасении, которые Бог предлагает каждому из нас.

Наша гарантия

Второе, что нам необходимо увидеть: Христово воскресение является гарантией нашего воскресения. Послание Колоссянам 1:18:

> *И Он* (Иисус) *есть глава тела Церкви; Он — начаток, первенец из мертвых, дабы иметь Ему во всем первенство.*

Иисус был при начале первого творения Божьего, и через Его воскресение Он является началом нового творения Божьего, которое становится возможным для нас через веру. В этом отрывке из Послания Колоссянам говорится, что Иисус является *«начатком и первенцем из мертвых».* Другими словами, воскресение здесь сравнивается с перерождением из смерти. Это согласуется с пророческим предвидением воскресения Господа Иисуса, данном во втором псалме. Вот какое постановление, сделанное Богом Отцом в отношении Сына, провозглашает воскресший Христос. Псалом 2:7:

> *Возвещу определение: Господь сказал Мне: Ты Сын Мой; Я ныне родил Тебя.*

День, в который Отец родил Сына — это день Воскресения. Иисус был первородным из мертвых. Его воскресение было рождением из смерти в новую и вечную жизнь.

Вот какое описание дает Павел в Послании Колоссянам 1:18 — Иисус является Головой Тела (т.е Церкви) и Первенцем из мертвых. Если мы изобразим воскресение как рождение, тогда мы сможем применить к нему тот же самый порядок, который применяется к естественному рождению ребенка из утробы матери. Как все мы знаем, при естественном рождении голова появляется первой, а за ней следует тело. Это применимо и к воскресению Иисуса и к нашему воскресению. Иисус – Голова – вышел в Своем воскресении и это гарантирует, что мы, которые являемся телом, последуем за головой. Это прекрасная картина. Воскресение Иисуса является нашей гарантией, в том, что мы (которые соединены с Ним по вере) воскреснем так, как и Он воскрес. Он – Голова – уже прошел через воскресение. Мы – Тело – последуем за Ним в установленное Богом время. Сам Иисус суммировал это очень сжато в Евангелии от Иоанна 14:19:

Ибо Я живу, и вы будете жить.

Его жизнь – это наша жизнь. Мы имеем гарантию, что мы разделим Его воскресение, потому что мы соединены с Ним..

Наша цель

Третий факт, касающийся воскресения: оно является целью христианской жизни. Наверное, все мы согласимся, что мы не более посвящены Господу, чем был посвящен Павел. Он был апостолом, он видел Господа, в его жизни действовали дары Святого Духа, он проповедовал и видел прекрасные результаты. Мы можем думать, что такой человек был бесспорным кандидатом на воскресение. Но Павел имел другое понимание, и его пример достоин изучения. Послание Филиппийцам 3:8-9:

Да и все почитаю тщетою ради превосходства познания Христа Иисуса, Господа моего: для Него я от всего отказался, и все по-

читаю за сор, чтобы приобрести Христа и найтись в Нем не со своею праведностью, которая от закона, но с тою, которая через веру во Христа, с праведностью от Бога по вере...

Вашей религиозной праведности — ваших хороших деяний, ваших посещений церкви и ваших молитв — этого недостаточно. Вы должны иметь праведность от Бога, принятую по вере. Это праведность Самого Бога. Ничто другое не сможет заменить это. Вы можете быть очень религиозным (набожным) человеком, со всяким постоянством посещающим церковь, вы можете творить щедрое милосердие, но если у вас нет Божьей праведности, то ничто другое не приведет вас на Небо. Павел был абсолютно уверен в этом. Он говорит: *«чтобы я не мог полагаться на свою собственную праведность, но имел праведность от Бога по вере»*. Затем он продолжает в 10 стихе:

...чтобы мне познать Его и силу воскресения Его, и приобщится страданиям Его, сообразуясь смерти Его...

Присоединяясь к Павлу, могу с уверенностью сказать, что я хочу силы Христова воскресения. Но как насчет следующей фразы: *чтобы участвовать в страданиях Его — приобщиться к Его страданиям?* По благодати Божьей, я подошел к моменту, где действительно желаю участвовать в Его страданиях. Я предпочел бы страдания с Иисусом, чем быть освобожденным от страданий и быть отрезанным от Иисуса.

В годы Второй Мировой войны я служил солдатом-санитаром в Британском королевском армейском медицинском корпусе, и часто имел дело с солдатами, которые были на передовой. Я убедился, что, когда люди вместе прошли через по-настоящему тяжелое время, то они были связаны друг с

другом так, что ничто не могло разбить их взаимоотношения – даже несмотря на то, что они могли
быть очень не похожи друг на друга во многом – по
положению в обществе, умственным способностям
или финансовому обеспечению. Думаю, поэтому
Павел говорит: *«чтобы мне познать Его и участвовать в страданиях Его»*. Он желал быть связанным
с Иисусом так, чтобы ничто не смогло разбить эту
связь.

Наш вывод очевиден: никто не имеет права относится к участию в воскресении как к чему-то само
собой разумеющемуся. Участие в воскресении – это
цель, на которую мы должны быть нацелены постоянно. И в этом Павел является нашим примером.
Филиппийцам 3:12-14:

> *Говорю так не потому, чтобы я уже дос-
> тиг, или усовершился; но стремлюсь, не дос-
> тигну ли я, как достиг меня Христос Иисус.
> Братия, я не почитаю себя достигшим; а
> только, забывая заднее и простираясь впе-
> ред* (в англ. переводе буквально: «давя, про-
> давливая вперед» – примеч. переводчика),
> *стремлюсь к цели, к почести вышнего зва-
> ния Божия во Христе Иисусе.*

Таким было отношение Павла к достижению воскресения из мертвых. Он был зрелым апостолом, его
чрезвычайный успех был описан. Однако он по-прежнему не считал, что уже достиг воскресения из
мертвых, но его целью было достижение этого. И он
говорит, что фактически: *«Ничто не станет между мной и исполнением Христовой задачи для меня.
Я собираюсь прикладывать все усилия в этом направлении. Я собираюсь давить внутри и продавли-
вать снаружи, и ничто не удержит меня. Временные
вещи – отношение и оппозиция людей, ситуации в
мире – ничто из этого не уведет меня в сторону от
моего главного стремления, которое состоит в том,*

чтобы достичь воскресения из мертвых».

Как мы можем иметь какое-либо иное отношение? Как мы можем принять другое понимание, отличающееся от понимания Павла? Каждый из нас должен культивировать то же самое отношение, какое имел Павел — стремиться к цели, сделать нашей задачей достижение этого, и не позволить ничему стать между нами и исполнением нашей задачи. Я верю, что в этом вызов воскресения для каждого из нас.

9

ВНОВЬ РОЖДЕННЫЕ

Итак, мы установили духовный и исторический факт воскресения Христа. Сейчас мы рассмотрим то, что стало доступным нам милостью и предоставлением Божьим через воскресение Христа.

Первое такое благословение заключается в том, что нам становится доступным «новое рождение», или вы можете использовать фразы: «рождение свыше», «возрождение», «перерождение». Чтобы объяснить это, я хочу ненадолго вернуться к пророчеству, которое мы исследовали в шестой главе. Книга пророка Осии 6:2:

Оживит нас через два дня, в третий день восставит нас, и мы будем жить пред лицем Его.

Итак, здесь мы видим ясное предсказание того, что воскресение произойдет на третий день. Но, как я уже говорил, Осия говорит здесь не в единственном числе, но во множественном. Духом Святым от имени Христа пророк почему-то говорит во множественном числе: «Он оживит *нас*, Он восставит *нас*», а не: «Он оживит *Меня*, восставит *Меня*». Таким образом, благодаря пророческому провидению Святого Духа, Писание открывает нам, что, будучи верующими, мы включены в это воскресение Христа.

Иисус умер нашей смертью, чтобы мы могли быть отождествлены с Ним крещением в Его погребение. Будучи отождествлены с Ним в погребении, чтобы мы смогли разделить также и Его воскресение. Послание Ефесянам 2:4-6:

> *Бог, богатый милостью, по Своей великой любви, которою возлюбил нас, и нас, мертвых по преступлениям, оживотворил со Христом, — благодатью вы спасены, — и воскресил с Ним, и посадил на небесах во Христе Иисусе.*

Помните, что фраза *«вместе с Ним»* в этом отрывке встречается три раза, каждый раз указывая на что-то, что мы разделяем с Иисусом через нашу веру в Его искупительную смерть: *«Бог оживил нас со Христом»*, *«Бог воскресил нас вместе с Ним»*, *«Бог возвел нас на престол вместе со Христом»*. Павел говорит о всех этих событиях, используя прошедшее время. В Своей предвечной мудрости, Бог дал описание этому не в будущем времени, но в прошедшем времени. Библия описывает это как уже свершившийся факт. Все что требуется от нас — войти в это верой.

«Последний Адам» и «Второй Человек»

Есть очень интересное место в 15-й главе Первого послания Коринфянам — этой великой главе воскресения, к которой мы обращались уже неоднократно. Павел противопоставляет старое творение новому — которое открылось благодаря смерти и воскресению Иисуса Христа. Первое послание Коринфянам 15:45-47:

> *Так и написано: первый человек Адам стал душею живущею; а последний Адам есть дух*

животворящий. Но не духовное прежде, а душевное, потом духовное. Первый человек — из земли, перстный; второй человек — Господь с неба.

Павел дает здесь Иисусу два титула: *«Последний Адам»* и *«Второй Человек».* Нам необходимо поставить их рядом друг с другом, но в правильном порядке. Во-первых, Иисус был последним Адамом; во-вторых, Он был вторым Человеком. Как «Последний Адам», Он свел на нет все злые последствия того злого наследия, которое пришло на всю Адамову расу через грех и бунт. Все это пришло к своему решению и окончанию, Иисус исчерпал все это в Своей смерти.

Затем, когда Иисус воскрес из мертвых два дня спустя, как «Второй Человек», Он стал Главой новой расы. Как «Последний Адам», Он взял на Себя все злое наследие, которое было результатом бунта Адама, и аннулировал его Своей смертью. Затем, как «Второй Человек», Он стал Главою новой расы, членами которой становятся все, кто уверовал и продолжает верить.

Способ, которым мы можем войти в это новое наследство и стать членами этой новой расы во Христе, это новое рождение или рождение вновь. Бог Отец через нашу веру в Иисуса Христа рождает нас вновь. Первое послание Петра 1:3:

Благословен Бог и Отец Господа нашего Иисуса Христа, по великой Своей милости возродивший нас воскресением Иисуса Христа из мертвых к упованию живому.

Будучи по вере отождествлены с Иисусом в смерти, погребении и воскресении, мы покидаем вместе с Ним старое состояние, – старое творение, – и входим в новое состояние, новое творение. Мы рождаемся заново силой Божьей в эту новую расу, в которой Иисус Христос является Главой – Он наш

Родоначальник и Он с нами всегда.

Это было целью крестной смерти и воскресения Иисуса. Когда мы рождаемся заново, или рождаемся вновь, то с этого момента и далее Христос является нашим внутренним источником вечной жизни. Мы имеем совершенно новый источник жизни, который во Христе и на Небесах. Апостол Павел в Послании Колоссянам 3:1-4 описывает это так:

Итак, если вы воскресли со Христом (это означает, что вы отождествились с Ним в воскресении), *то ищите горнего, где Христос сидит одесную Бога; о горнем помышляйте, а не о земном. Ибо вы умерли* (мы умерли когда Христос умер — Его смерть была нашей смертью), *и жизнь ваша сокрыта со Христом в Боге. Когда же явится Христос, жизнь ваша, тогда и вы явитесь с Ним во славе.*

Наше наследие находится на Небесах, вместе с Иисусом на Его Престоле. Вот почему мы должны настроить наше сознание на горнее. Это очень важный совет, потому что курс нашей жизни определяется тем, на чем сфокусировано наше сознание.

Когда умер Христос, тогда умерли и мы — Его смерть была нашей смертью. Мы имеем абсолютную безопасность, когда осознаем, что наша жизнь сокрыта со Христом в Боге.

Обратите внимание на эти потрясающие слова, имеющие необъятное значение: «*Христос — жизнь ваша*». Эта жизнь действительно неисчерпаема. Каждая нужда покрывается тем фактом, что воскресший, прославленный, победивший и дающий победу Христос является нашей жизнью. Ничто не сможет преодолеть эту жизнь. Ничто не сможет подавить ее. Она непобедима, нерушима и вечна.

Во Втором послании Коринфянам 4:16 Павел применяет это к своей жизни, но это также применимо и к нашей жизни:

Посему мы не унываем; но если внешний наш человек и тлеет, то внутренний со дня на день обновляется.

Это прекрасное послание воодушевления говорит нам, что нам нет необходимости унывать. Обстоятельства могут выглядеть тяжелыми или, казалось бы, идущими против нас, но Павел говорит, что мы соединены с Иисусом. Верой, через Святой Дух, мы имеем внутренний источник жизни, и мы получаем постоянное обновление этой жизнью внутри нас, которая не что иное, как воскресший, прославленный Христос. Уделите время для размышления над этими заряженными силой и откровениями словами: «*Христос − жизнь наша*».

10

ОПРАВДАННЫЕ

Следующее потрясающее откровение о полноте работы креста Христова состоит в том, что через воскресение Иисуса мы можем быть оправданы, сделаны абсолютно праведными. Глагол *«оправдывать»* и существительное *«оправдание»* встречаются много раз в Новом Завете. Это важные слова, но, полагаю, многие христиане в действительности не понимают полноту их значения. Поэтому я попытаюсь дать ясное представление, что значит быть оправданным.

Авраам: наш пример

Отец нашей веры Авраам предоставляет нам прекрасный пример оправдания по вере. Павел пишет об образце и примере веры Авраама, а затем показывает как это применимо к нам. Послание Римлянам 4:20-21:

Не поколебался в обетовании Божием неверием, но пребыл тверд в вере, воздав славу Богу и будучи вполне уверен (или будучи сделан сильным через свою веру), что Он силен и исполнить обещанное.

Авраам был полностью уверен, что у Бога достаточно силы, чтобы сделать то, что Он обещал. А как насчет вас? Имеете ли вы полную уверенность, что Бог силен сделать то, что Он обещал?

Затем Павел идет дальше, цитируя слова книги Бытие об Аврааме. Стихи 22-25:

Потому и вменилось ему в праведность. А впрочем не в отношении к нему одному написано, что вменилось ему, но и в отношении к нам; вменится и нам, верующим в Того, Кто воскресил из мертвых Иисуса Христа, Господа нашего, Который предан за грехи наши и воскрес для оправдания нашего.

Павел применяет пример Авраама к нам, верующим Нового Завета. Если мы верим такого же качества верой, какую имел Авраам, тогда и нам будет вменена праведность, точно так же как это было с Авраамом. Последняя фраза говорит, что «(Иисус) *воскрес для нашего оправдания*» – то есть, чтобы мы могли быть соделаны праведными, или чтобы праведность могла быть вменена (зачтена) нам.

Авраам являет пример веры в Божье обетование, которая не сдается вопреки всем разочарованиям или неблагоприятным внешним обстоятельствам. Мы, как христиане, должны употреблять веру того же самого качества в отношении смерти и воскресении Христа.

Есть два аспекта в этом обмене. Первый аспект: Своей смертью Христос оплатил полное и конечное наказание за наши грехи. Таким образом, Божья справедливость была удовлетворена смертью Иисуса за нас. Бог не шел на компромисс в Своем правосудием, когда Он прощал наши грехи, потому что Иисус оплатил полное наказание в качестве нашего принятого законного Представителя.

Наше оправдание

Второй аспект этого обмена вытекает из воскресения Христа. Благодаря Своему воскресению Христос дарует совершенную праведность. Мы оправданы от всякой вины. Мы были оправданы — нам была зачтена праведность. Мне бы хотелось подчеркнуть слово **совершенная** — не частичная, но совершенная (или абсолютная). Очень важно увидеть, что наше оправдание зависит от воскресения Христа. Павел наводит нас на эту мысль в Первом послании Коринфянам 15:17:

А если Христос не воскрес, то вера ваша тщетна: вы еще во грехах ваших.

Итак, наше оправдание основано на воскресении Иисуса. Когда Бог воскресил Иисуса, Он также засвидетельствовал о Нем. Два человеческих суда первоначально обрекли Его на смерть — как гражданский суд Рима, так и религиозный суд иудейского синедриона. Через воскресение Бог отменил эти несправедливые приговоры и подтвердил праведность Иисуса. Но когда Его праведность была доказана благодаря воскресению, доказательство было распространено на всех, кто будет отождествляем с Ним в Его воскресении. Это ясно показано во Втором послании Коринфянам 5:21:

Ибо не знавшего греха (Иисуса) *Он* (Бог) *сделал для нас жертвою за грех, чтобы мы в Нем* (в Иисусе) *сделались праведными пред Богом.*

Иисус был «*сделан грехом нашей греховности*» (так звучит дословный перевод с английского — примеч. переводчика) и оплатил полное наказание за наш грех, чтобы мы, в свою очередь, могли быть отождествлены с Его праведностью, которая была доказана воскресением. Этим самым мы оправданы, сделаны совершенно праведными, потому что праведность, которая зачтена мне через воскресение Христа — это праведность, которая никогда не знала греха. И это единственная праведность, которая когда-либо будет приемлема на Небесах.

Сердце и уста

Так как потребовалось воскресение Христа для того, чтобы подтвердить наше прощение и оправдание, поэтому существует два логических требования от нас, для того чтобы нам войти в спасение. Первое требование касается сердца, второе — уст. Вот как Павел описывает сердечную праведность в Послании Римлянам 10:6-7:

А праведность от веры так говорит: не говори в сердце твоем: кто взойдет на небо? то есть Христа свести. Или кто сойдет в бездну? то есть Христа из мертвых возвести.

Павел говорит, что праведность от веры не должна делать то, что Христос уже сделал за нас. Мы должны начать с утверждения в нашем сердце принятия уже сделанного Христом для нас.

Таким образом, первое требование состоит в том, чтобы мы верили в нашем сердце, что Бог воскресил Иисуса из мертвых. Но этого не достаточно. Второе требование относится к устам. Мы должны исповедовать нашими устами Иисуса Господом. Мы должны осознавать Его Господство, — не просто Господство в общем, над всей Вселенной, но, в первую очередь, Его Господство над нашей жизнью. Должно произойти подчинение нашей воли, самого себя, в акте посвящения Господству Иисуса. В Послании Римлянам 10:8-10, Павел объясняет, что это наше посвящение не имеет полноты до тех пор, пока оно не произнесено вслух:

Но что говорит Писание? Близко к тебе сло-
во, в устах твоих и в сердце твоем, то есть
слово веры, которое проповедуем. Ибо если
устами твоими будешь исповедывать Иису-
са Господом и сердцем твоим веровать, что
Бог воскресил мертвых Его из, то спасешь-
ся, потому что сердцем веруют к праведно-
сти, а устами исповедуют ко спасению.

Некоторые люди верят в сердце, но они никогда
не говорили вслух о своем посвящении своими устами. Если вы один из них, я хотел бы порекомен-
довать вам сделать второй шаг. Возможно вы уже
верите в своем сердце, что Бог воскресил Иисуса
из мертвых. Может быть вы даже исповедовали это
много раз в церкви. Но, прочитайте внимательно,
одного этого не достаточно. Сделали ли вы полное
посвящение самих себя Его Господству? Исповедовали ли вы Его Господом? Должно произойти личное − своими устами − свидетельство перед людьми
о том, во что вы верите в вашем сердце. Это ключ
ко вхождению в спасение. Верьте от сердца, что
Бог воскресил Иисуса, и исповедуйте устами Его
Господство в вашей жизни. Если вы сделаете это,
то Писание говорит вам: *«спасены будете»*.

11

ПОБЕДА НАД ВСЕМИ ВРАГАМИ

Победа Христа гарантирует нам нашу победу над всеми нашими врагами, особенно над смертью. Любая религия, которая не дает исчерпывающего ответа смерти, не может восполнить самые глубокие нужды человечества. Я верю, что христианство является единственной религией, которая имеет ответ, и имеет его благодаря воскресению Христа.

Воскресший Победитель

Славный образ Христа как воскресшего Победителя находится в книге Откровение. Вот описание того, каким Иисус явился апостолу Иоанну на острове Патмос после Своего воскресения и вознесения, – Откровение 1:10-18:

Я был в духе в день воскресный, и слышал позади себя громкий голос, как бы трубный, который говорил: Я есмь Альфа и Омега, Первый и Последний; то, что видишь, напиши в книгу и пошли церквам, находящимся в Асии: в Ефес, и в Смирну, и в Пергам, и в Фиатиру, и в Сардис, и в Филадельфию, и в

Лаодикию. Я обратился, чтобы увидеть, чей голос, говоривший со мною; и обратившись, увидел семь золотых светильников и, посреди семи светильников, подобного Сыну Человеческому, облеченного в подир и по персям опоясанного золотым поясом: глава Его и волосы белы, как белая волна, как снег; и очи Его, как пламень огненный; и ноги Его подобны халколивану, как раскаленные в печи, и голос Его, как шум вод многих. Он держал в деснице Своей семь звезд, и из уст Его выходил острый с обеих сторон меч; и лице Его, как солнце, сияющее в силе своей. И когда я увидел Его, то пал к ногам Его, как мертвый. И Он положил на меня десницу Свою и сказал мне: не бойся; Я есмь Первый и Последний, и живый; и был мертв, и се, жив во веки веков, аминь; и имею ключи ада и смерти.

Не славная ли картина перед нами? Это наш Представитель, наша Глава, Единый воскресший из мертвых и оплативший наказание за наши грехи. Но благодарение Богу, Он не остался мертв. Он не остался в гробу. Он был воскрешен и был вознесен по правую руку Отца, посажен на Престол. Там Он принял славу как единородный Сын Божий – славу Победителя и славу Правителя. Насколько великая слава воскресшего Христа описана здесь: «*Его ноги как прекрасная медь, раскаленная в огне... Его голос как шум вод многих... Его голова и волосы белы как шерсть... Его глаза как горящий огонь... из Его уст выходит острый обоюдоострый меч*».

Очень интересно, что до воскресения Иисуса апостол Иоанн во время отдыха склонял свою голову на грудь Иисуса. Он приближался к Иисусу очень близко. Но когда сила воскресшего, прославленного Христа коснулась Иоанна, то она просто опрокинула его. Он упал и лежал как мертвый. Это показывает меру силы и славы, которые обитают в воскресшем Христе.

Смерть и Ад

Особенно мне хотелось бы обратить ваше внимание на слова Иисуса в 18 стихе:

> *Я Тот Кто жив, и был мертв, и вот, Я жив во веки веков. Аминь.* **И имею ключи ада и смерти** *(выделено автором).*

Позвольте мне объяснить кое-что относительно Ада и Смерти. Прежде всего, смерть — это не просто физическое состояние. Это не просто отделение жизни от тела. Смерть и Ад являются злыми ангелами, представителями сатаны, управляющими в царстве тьмы. Это ясно видно из описания, данного в последующей части откровения, дарованного Иоанну на острове Патмос. Откровение 6:8:

> *И я взглянул, и вот, конь бледный, и на нем всадник, которому имя «смерть»; и ад следовал за ним; и дана ему власть над четвертою частью земли — умерщвлять мечом и голодом, и мором и зверями земными.*

Мы видим, что и Смерть и Ад — это личности, сатанинские ангелы, представители дьявола, распорядители в его злом царстве тьмы. Смерть заявляет права на человеческие тела, Ад заявляет права на их души. В промежутке между Своей смертью и воскресением Иисус спустился туда, где они обитают. Он отнял у них их власть и забрал их ключи. Когда Он явился Иоанну, то сказал: *«Я имею ключи Ада и Смерти».* О, насколько реально это и как важно для каждого из нас знать, что Иисус имеет эти ключи!

Нам необходимо знать, что смерть уже побеждена, но еще не уничтожена. Павел говорит нам в Первом послании Коринфянам 15:25-26:

Ибо Ему надлежит царствовать, доколе низложит всех врагов под ноги Свои. Последний же враг истребится — смерть.

Таким образом, смерть побеждена, но не уничтожена. Тем не менее, Иисус уже вырвал жало смерти. Стихи 53-57:

Ибо тленному сему надлежит облечься в нетление, и смертному сему облечься в бессмертие. Когда же тленное сие облечется в нетление и смертное сие облечется в бессмертие, тогда сбудется слово написанное: поглощена смерть победою (победа Христа поглотила смерть). *Смерть! где твое жало? ад! где твоя победа? Жало же смерти — грех; а сила греха — закон. Благодарение Богу, даровавшему нам победу Господом нашим Иисусом Христом!*

Иисус лишил смерть ее победы. Своей победой Иисус также лишил смерть ее жала. Сейчас смерть — это невольный служитель Божьих целей, побежденный враг, ожидающий уничтожения. Павел говорит прекрасные слова, возвращаясь к этой теме в Послании Римлянам 8:35-39:

Кто отлучит нас от любви Божией: скорбь, или теснота, или гонение, или голод, или нагота, или опасность, или меч? как написано: за Тебя умерщвляют нас всякий день, считают нас за овец, обреченных на заклание. Но все сие преодолеваем силою Возлюбившего нас. Ибо я уверен, что ни смерть, ни жизнь, ни Ангелы, ни Начала, ни Силы, ни настоящее, ни будущее, ни высота, ни глубина, ни другая какая тварь не может отлучить нас от любви Божией во Христе Иисусе, Господе нашем.

Все это приобретено для нас через воскресение.

Павел говорит нам следующее: *«Христос — это наша жизнь»*. Воскресший, прославленный Христос — это наша жизнь. Ничто не может коснуться этой жизни. Ничто не может разрушить ее. Она нерушимая и постоянно побеждающая.

Во свете Христовой победы над смертью, мне бы хотелось указать вам на некоторые обетования (обещания), которые дал Иисус в предвкушении Своей победы. Когда Он использует фразу *«истинно, истинно»*, то тем самым предваряет утверждение, которое является абсолютно авторитетным. Евангелие от Иоанна 5:24:

> *Истинно, истинно говорю вам: слушающий слово Мое и верующий в Пославшего Меня имеет жизнь вечную, и на суд не приходит, но перешел от смерти в жизнь.*

Обратите внимание, что это говорится в прошедшем времени. Это не то, что должно случиться в будущем. Когда мы верим в смерть и воскресение Иисуса Христа, благодаря нашей вере мы уже перешли из смерти в жизнь. Смерть больше не имеет власти над нами. Она больше не имеет права на нас. Смерть — это лишь ворота в новую жизнь. В Евангелии от Иоанна 8:51-52 мы имеем такое заверение от Самого Иисуса:

> *Истинно, истинно говорю вам: кто соблюдет слово Мое, тот не увидит смерти вовек… кто соблюдет слово Мое, тот не вкусит смерти вовек.*

Можете ли вы поверить в это? Это обещание из уст Самого Иисуса. Он не говорил, что мы никогда не переживем физической смерти, но Он говорит, что эти два злых ангела — Смерть и Ад — которые следуют за Ним, не имеют больше прав на нас. Они низложены во имя крови Иисуса. Итак, когда смерть становится нашим уделом, то мы уже не *спускаемся* в другой мир, в царство тьмы, но мы *восходим* в присутствие Самого Бога. Это гарантируется нам благодаря смерти и воскресению Иисуса для нас.

Вот что случилось со Стефаном, когда он встретил мученическую смерть. Деяния 7:56, 59-60:

И воскликнул: вот, я вижу небеса отверстые и Сына Человеческого, стоящего одесную Бога.

Затем, немного позже, когда был побиваем камнями, он сказал,:

Господи Иисусе! приими дух мой. И, преклонив колени, воскликнул громким голосом: Господи! не вмени им греха сего. И, сказав сие, почил.

Нам необходимо помнить о том, что Писание очень тщательно подбирает слова, которые оно использует. Как правило, Писание не говорит о смерти верующих. Оно говорит о том, что они «почили» (т.е. уснули). Для них смерть это просто временный сон, от которого они проснуться в утро воскресения.

12

ВОСКРЕСЕНИЕ ПЕРВОЕ

Тем не менее, есть еще одно благословение доступное нам благодаря воскресению Христа. Его воскресение – это гарантия нашего воскресения. Это следует из утверждения сделанного в Послании Колоссянам 1:18:

Он есть глава тела Церкви; Он — начаток, первенец из мертвых, дабы иметь Ему во всем первенство.

В восьмой главе этой книги – «Что воскресение означает для нас» – мы рассматривали это место Писания, которое сравнивает воскресение Иисуса с рождением ребенка. Сейчас мы можем сделать еще один шаг дальше: когда появилась голова ребенка, мы знаем, что за ней последует его тело. Таким же образом, когда Иисус – Голова – был воскрешен, это гарантирует, что Его тело – Церковь – последует за Ним.

Первенец из мертвых

Теперь давайте посмотрим на приветствие, которым Иоанн предваряет свое послание церквям. Книга Откровение 1:4-5:

Иоанн семи церквам, находящимся в Асии: благодать вам и мир от Того, Который есть и был и грядет (это Бог Отец), *и от семи духов, находящихся перед престолом Его* (это Дух Святой в Своих семи аспектах), *и от Иисуса Христа, Который есть свидетель верный, первенец из мертвых и владыка царей земных. Ему, возлюбившему нас и омывшему нас от грехов наших Кровию Своею.*

Здесь сделано три утверждения об Иисусе, которые следуют друг за другом в логичном порядке. Во-первых, Он является *«свидетелем верным»* — Он верно и в полноте представлял Отца людям Своего времени. Он никогда не шел на компромисс, никогда не говорил ложное слово, и никогда не представлял Отца в неверном свете. Не смотря на то, что это слоило Ему жизни — Он оставался свидетелем верным. Затем, поскольку Он был свидетелем верным, поэтому Он стал *«первенцем из мертвых»*, или первым, кто был воскрешен из мертвых (в преображенном теле). После чего, будучи первенцем из мертвых, Он стал *«владыкой царей земных»*. Воскресение ведет к правлению. Как уже было сказано, слово *«первенец»* указывает на то, что за ним последуют и другие. Христос был воскрешен к правлению, и то же самое будет с нами.

Мы цитировали несколько раз из 2-ой главы Послания Ефесянам, как Павел утверждает три раза о том, что происходит *«вместе со Христом»*: (1) мы оживотворены (оживлены) вместе, (2) мы воскрешены вместе, и (3) мы посажены на Престол вместе. Воскресение ведет на Престол! Павел говорит о той же самой истине во Втором послании Тимофею 2:11-12, где он видимо цитирует высказывание, которое было в обращении в Ранней Церкви:

Верно слово: если мы с Ним умерли, то с Ним и оживем; если терпим, то с Ним и цар-

ствовать будем; если отречемся, и Он от-
речется от нас.

Как мы видели, если мы сообразовались со Христом в смерти, то мы сообразуемся с Ним и в воскресении. Если мы верно держимся нашего свидетельства, – как держался Своего свидетельства Он, – то будем подобны Ему – будем воскресшими для правления с Ним. Это удивительное обетование из книги Откровение 3:21:

Побеждающему дам сесть со Мною (Иису-
сом) на престоле Моем, как и Я победил и
сел с Отцем Моим на престоле Его.

Это захватывающее дух обетование! Иисус победил и Отец вознес Его на Престол, для того, чтобы править вместе с Ним. И теперь Иисус говорит: *«Благодаря Моей смерти и воскресению можете победить и вы. И если вы победите, Я сделаю для вас то, что Мой Отец сделал для Меня. Я воскрешу вас и Я посажу вас со Мной на Моем Престоле власти».*

Воскресение в трех стадиях

В Первом послании Коринфянам 15:22-24 Павел поясняет порядок воскресения. Он указывает на то, что оно будет происходить в трех поступательных фазах:

Как в Адаме все умирают, так во Христе
все оживут, каждый в своем порядке (все
будут воскрешены в надлежащем порядке):
первенец (англ. «первый плод») Христос,
потом Христовы, в пришествие Его. А за-
тем конец, когда Он предаст Царство Богу
и Отцу, когда упразднит всякое начальство
и всякую власть и силу.

Таким образом, мы видим порядок воскресения. Христос — это первые плод, который уже совершился. Следующая фаза это *«те, которые Христовы, в пришествие Его»*. Это Писание называет «воскресением первым». Когда Иисус вернется, эти верующие будут восхищены для встречи с Ним в воздухе, и вместе с Ним будут вечно. Книга Откровение 20:6 комментирует это так:

Блажен и свят имеющий участие в воскресении первом.

«А затем (наступит) конец» — окончательное воскресение всех оставшихся мертвых, которые будут вызваны и предстанут перед Богом и дадут ответ за то, как они провели свою жизнь. Это описано в конце 20-ой главы книги Откровение.

Теперь, как мы можем попасть в первое воскресение? Это самый важный и практический вопрос. Для каждого человека важно знать ответ, который дан в 23 стихе:

*... каждый в своем порядке: первенец Христос, потом **Христовы**, в пришествие Его* (выделено автором).

Здесь суммировано все. Вы можете попасть в первое воскресение, если вы принадлежите Иисусу Христу. Иисус любит вас, но Он любит с ревностью. Много раз Библия говорит нам, что Бог — Ревнитель. Когда-то я думал, что это было одной слабой чертой Бога, но спустя годы я увидел, что это признак Его любви. Не удивительно ли то, что Творец ревнует маленький кусок глины, в который Он вдохнул Свой Дух?

Иисус любит с ревностью. Он хочет вас для Самого Себя, и Он не будет делить вас с кем-то еще. Он не будет разделять вас с миром, и Он не будет разделять вас с дьяволом. Поэтому, если вы хотите принять участие в первом воскресении, то вам необходимо знать, что будете там только в том случае, если будете безоговорочно принадлежать Иисусу Христу. Первое воскресение только для тех, кто Христовы − не *почти что* Христовы, и не *частично* Христовы, но − Христовы полностью. Это основное требование.

Спросите самих себя сейчас: «Действительно ли я принадлежу Иисусу Христу, безоговорочно и полностью? Или есть сферы в моей жизни, которые не подчинены Ему? Есть ли сферы моей жизни, в которых что-то другое заявляет свои права или претендует на мою любовь и внимание?» Если это так, то вы должны произвести изменения и привести все в порядок. Вы должны будете иметь полное посвящение Иисусу − это первое требование.

Иакова возлюбил, Исава возненавидел

Размышляя над этим, я подумал об очень интересном утверждении, какое Господь сделал в Книге пророка Малахии 1:2-3:

> *...Иакова Я возлюбил, а Исава возненавидел...*

Бог является Личностью с сильными чувствами. Он сильно любит, но также и ненавидит. Но почему Бог полюбил Иакова? Его характер во многом был совсем нехорош. Однако, Иаков имел одно качество, которое нравилось Богу. Он действительно хотел достичь лучшего Божьего. Порой он шел слишком кривыми путями к достижению этой цели, но его приоритеты были правильными. Он желал первородства, благословения своего отца Исаака.

С другой стороны Исав, которому принадлежало первородство, был безразличен к нему. Он вернулся с охоты и встретил Иакова с котелком чечевичной похлебки. Я знаю из моего собственного опыта жизни на Ближнем Востоке, что когда чечевичный суп сварен, то его аромат наполняет дом, и единственное, о чем вы можете тогда думать, это чечевичный суп.

Итак, вот Исав пришел из длительного охотничьего похода. Он очень голоден, и он чувствует запах этой чечевичной похлебки. Иаков стоит там и говорит: «Я дам тебе покушать. Все, что ты должен сделать, это продать мне твое первородство». Исав думает: «Какая польза от моего первородства теперь, когда я голоден. Все, что мне нужно, это поесть». Поэтому он заключает с Иаковом сделку.

Бог ненавидит отношение, которое не ценит право на получение первых благословений. Он ненавидит отношение, которое ставит плотское желание выше данного Им права первородства.

Для вас это может относиться ко многим вещам – например, пища. Некоторые люди порабощены пищей – это самая важная вещь в их жизни. Это то, о чем они говорят и думают больше всего. Это то, на что они тратят много денег. Есть также другие желания – такие как алкоголь, секс или деньги – это порабощает людей через их аппетиты. Но все, что в вашей жизни становится важнее, чем Божье право первородства, все это ненавистно Богу. Если есть такое в вашей жизни, то вам необходимо отдать это на крест.

Когда мы размышляем над славной темой воскресения, то было бы естественно задаться таким вопросом: «На что воскресение будет похоже?» Этот вопрос действительно звучит в Новом Завете и на него дается ответ в разных местах. Я проведу исследование этого вопроса в пятнадцатой главе, которая называется «Природа наших воскресших тел». Но сначала, давайте посмотрим на то, что происходит, когда человек умирает.

13

ЧТО НАСТУПАЕТ ПОСЛЕ СМЕРТИ?

Мне хотелось бы лишь приподнять край завесы, которая отделяет этот мир от мира иного, дав вам лишь слабый отблеск того, что наступает после смерти.

Перед смертью Иисуса

Нам необходимо понимать, что смерть и воскресение Иисуса оказали влияние на всю Вселенную. Эти события привели к результатам, которые повлияли на все мироздание. В частности, они произвели глубокие и неизменные изменения в невидимом мире и в той участи, которая ожидает души праведных верующих после того, как они оставят жизнь земную.

Лучший способ понять будущее, которое ожидает человека – и его судьбу после смерти – это взглянуть на способ сотворения человека Богом, описанный для нас в книге Бытие 2:7:

И создал Господь Бог человека из праха земного, и вдунул в лице его дыхание жизни, и стал человек душею живою.

Мы обратили внимание, что все человеческое естество имеет происхождение из двух источников. Материальная часть человека — его тело — имеет свой источник в земле, и произошло снизу. Но нематериальная часть человека — его душа — имеет свой источник в Боге, и произошла свыше. Таким образом, человек является соединением двух составляющих из двух разных источников: из физического — от земли, которая снизу, и из духовного — от Бога свыше. Мы должны помнить, когда мы будем изучать будущее, которое ожидает человека.

Во время смерти эти две составляющие части человека опять разделяются. Тело возвращается в землю — из которой оно произошло — и там разлагается; душа переходит в невидимый мир. Есть два слова в Библии, которые обозначают этот невидимый мир. В еврейском он называется *Шеол*, а в греческом языке Нового Завета он назван *Хадес* (ад).

Мы исследуем ветхозаветную картину душ, находящихся в Шеоле. Например, предсказание Божьего суда над царем Вавилона, которое дает нам описание того, как душа царя Вавилона спускается в Шеол, и как его душа узнается там, и, в некотором смысле, оценивается другими ушедшими царями и людьми, которое умерли ранее. Книга пророка Исаии 14:9-10:

Ад преисподний (Шеол) *пришел в движение ради тебя, чтобы встретить тебя при входе твоем; пробудил для тебя Рефаимов, всех вождей земли; поднял всех царей языческих с престолов их. Все они будут говорить тебе: и ты сделался бессильным, как мы! и ты стал подобен нам!*

Шеол не является местом окончательного предназначения отошедших душ, но лишь временного заключения для ожидания окончательного воскресения и суда. Позднее мы рассмотрим описания этого.

В Книге пророка Иезикииля 32:18-32 есть похожее описание Божьего суда над фараоном, царем Египта, и многими другими языческими царями и их армиями, которые полегли в битве:

Сын человеческий! оплачь народ Египетский, и низринь его, его и дочерей знаменитых народов в преисподнюю, с отходящими в могилу. Кого ты превосходишь? сойди, и лежи с необрезанными...

Там Ассур и все полчище его, вокруг него гробы их...

Так Елам со всем множеством своим вокруг гробницы его, все они пораженные, павшие от меча, которые необрезанными сошли в преисподнюю...

Там Мешех и Фувал со всем множеством своим; вокруг него гробы их, все необрезанные, пораженные мечом, потому что они распространяли ужас на земле живых...

Там Едом и цари его и все князья его, которые при всей своей храбрости положены среди пораженных мечом; они лежат с необрезанными и сошедшими в могилу. Там властелины севера, все они и все Сидоняне, которые сошли туда с пораженными, быв посрамлены в могуществе своем, наводившем ужас, и лежат они с необрезанными, пораженными мечом, и несут позор свой с отшедшими в могилу. Увидит их фараон и утешится о всем множестве своем, пораженном мечом, фараон и все войско его, говорит Господь Бог.

Есть определенные черты, которые характерны для обоих этих мест Писания:

1. Нет никакого указания, что эти отошедшие души имеет какое-то представление о текущих событиях на земле.

2. Однако, они помнят свое прошлое состояние на земле.

3. Одна личность узнает другую.

4. Есть коммуникация между одной личностью и другой.

5. Есть осознание своего положения в Шеоле.

6. Есть соответствие между положением отошедших душ, какое они имели на земле, и их положением в Шеоле, — в определенном смысле цари земные, по-прежнему признаются царями и в Шеоле.

В Новом Завете мы имеем картину, данную Самим Иисусом, о том, что происходит с душами, которые оставляют эту жизнь. Это история о нищем по имени Лазарь и о богаче. Евангелие от Луки 16:19-26:

Некоторый человек был богат, одевался в порфиру и виссон и каждый день пиршествовал блистательно. Был также некоторый нищий, именем Лазарь, который лежал у ворот его в струпьях и желал напитаться крошками, падающими со стола богача, и псы, приходя, лизали струпья его. Умер нищий и отнесен был Ангелами на лоно Авраамово. Умер и богач, и похоронили его. И в аде, будучи в муках, он поднял глаза свои, увидел вдали Авраама и Лазаря на лоне его и, возопив, сказал: отче Аврааме! умилосердись надо мною и пошли Лазаря, чтобы омочил конец перста своего в воде и прохладил язык мой, ибо я мучаюсь в пламени сем. Но Авраам сказал: чадо! вспомни, что ты получил уже доброе твое в жизни твоей, а Ла-

зарь — злое; ныне же он здесь утешается, а ты страдаешь; и сверх всего того между нами и вами утверждена великая пропасть, так что хотящие перейти отсюда к вам не могут, также и оттуда к нам не переходят.

Помните, что это слова Самого Иисуса — Самого надежного из всех авторитетов — и помните также, что нигде не сказано, что это была лишь притча. Это описание действительных событий, которые имели место в то время, которое предшествовало смерти и воскресению Иисуса.

Рассказ Иисуса подтверждает многие детали, описанные в Ветхом Завете. Прежде всего, мы видим, что тело возвращается в землю, в то время как душа переходит в невидимый мир — в Новом Завете он назван адом. В этом невидимом мире есть следующие особенности, которые полностью соответствуют описанию Ветхого Завета:

Во-первых, присутствует осознание предыдущего состояния на земле. Авраам говорит богачу: «**Вспомни**, *что во время земной жизни ты получил хорошее»* — таким образом, явно, что присутствует память предыдущего состояния на земле.

Во-вторых, личность не исчезает. Лазарь продолжает быть Лазарем; Авраам продолжает быть Авраамом; богач продолжает быть богачом, хотя он уже не богат.

В-третьих, одна личность узнает другую. Богач узнал и Авраама и Лазаря.

В-четвертых, есть осознание настоящего состояния. В частности богач очень даже осознавал агонии и мучения, в которых находился.

Однако, есть еще одна существенная деталь, которая добавлена в рассказе Иисуса: имеется полное отделение праведных от нечестивых. Не смотря на то, что как одни, так и другие находятся в месте заключения душ, которые отошли в мир иной, — они находятся в совершенно разных отделениях в этом месте, и есть огромная разница между тем, что произошло с ними. Нечестивый богатый человек находится в мучениях — он мучится в огне. Но праведный бедняк находится в месте отдыха, которое названо *«лоном Авраамовым»*. Упоминание об Аврааме в частности указывает на то, что оно существует для тех, кто идет по стопам веры Авраама.

Еще одна важная деталь находится в рассказе Иисуса: Божьи ангелы унесли душу Лазаря. Ангелы доставили его в место его покоя. Мы находим также, что это соответствует тому, что происходит с нечестивыми: их души забирают сатанинские ангелы. Это описано в книге Откровение 6:8:

И я взглянул, и вот, конь бледный, и на нем всадник, которому имя «смерть»; и ад следовал за ним; и дана ему власть над четвертою частью земли — умерщвлять мечом и голодом, и мором и зверями земными

Мы видим здесь, что и Смерть и Ад — это личности. На самом деле, это сатанинские ангелы. Обычно учат, что Смерть имеет власть над человеческими телами, а Ад имеет власть над человеческими душами. Смерть заставляет человека умереть; Ад, который следует за Смертью, забирает души, тех кто умер во грехе и уносит их в место заточения и мучений, которое назначено им. Итак, мы видим в этих отрывках, что как Ветхий, так и Новый Завет, дают аналогичное описание предназначения отошедших душ, относящееся ко времени, предшествовавшем смерти и воскресению Иисуса.

После смерти Иисуса

Во время того, как тело Иисуса лежало в гробу, Его душа спустилась в ад и, в результате этого, произошли определенные важные и вечные изменения. Запись этих событий мы находим, прежде всего, в Первом послании Петра. Нам необходимо посмотреть на два ясных утверждения. Во-первых, стихи 3:18-20:

> *Потому что и Христос, чтобы привести нас к Богу, однажды пострадал за грехи наши, праведник за неправедных, быв умерщвлен по плоти, но ожив духом, которым Он и находящимся в темнице духам, сойдя, проповедал* (здесь речь идет о провозглашении, а не о проповеди в обычном понимании этого слова – примеч. редактора), *некогда непокорным ожидавшему их Божию долготерпению, во дни Ноя, во время строения ковчега, в котором немногие, то есть восемь душ, спаслись от воды.*

Это открывает нам то, что Христос в духе – не в теле – сошел в ад, и нечто провозгласил духам нечестивых людей, которые находятся там в темнице. Некоторые личности точно определены – это те, кто были непослушны Богу и нарушали Божьи постановления во дни Ноя.

Второе ясное утверждение находится в Первом послании Петра 4:6:

> *Ибо для того и мертвым было благовествуемо* (дословно: проповедано Евангелие), *чтобы они, подвергшись суду по человеку плотию, жили по Богу духом.*

Это не то же самое, что и первое утверждение – есть важное различие: в греческом языке используются разные слова. В первом отрывке сказано, что Иисус сделал провозглашение, но во втором отрывке сказано, что было проповедано Евангелие. Евангелие, конечно же, это Благая Весть (хорошая новость для слушающих), сутью которой является смерть и воскресение Иисуса.

Какая разница между этими двумя? И что же на самом деле произошло? Давайте посмотрим сначала на то, что случилось с праведными верующими на лоне Авраама. Им Иисус принес добрую новость — Евангелие. Добрая новость была такой: смерть Иисуса и пролитие Его крови заплатили цену за грех. Следовательно, сейчас Бог готов оказать им полное прощение и вывести их из места ожидания. Их тела прошли через наказание из-за последствий греха — наказание, которым является смерть. Но их души приняли Божье прощение через веру в Иисуса.

Теперь давайте посмотрим на то, что произошло с нечестивыми в заточении. Иисус сделал для них провозглашение. Насколько я знаю, нет места в Библии, которое бы говорило нам, что это было за провозглашение. Мне нравиться выражать провозглашение Иисуса в таких словах: «Отныне это место находится под новым руководством!» Почему? Посмотрите на то, что Иисус сказал Иоанну на острове Патмос, когда появился перед ним в Своей славе. Откровение 1:17-18:

> *И когда я увидел Его, то пал к ногам Его, как мертвый. И Он положил на меня десницу Свою и сказал мне: не бойся; Я есмь Первый и Последний, и живый; и был мертв, и се, жив во веки веков, аминь; и **имею ключи ада и смерти*** (выделено автором).

Благодаря Своей смерти и Своей жертве примирения Иисус заслужил право вырвать из рук этих сатанинских ангелов — распорядителя смерти и распорядителя ада — ключи от этого места заточения. Следовательно, с этого момента и далее, Иисус имеет право освобождать тех, кто был прощен. Именно это Он и сделал, когда сошел в ад, а затем вознесся на Небеса. Он забрал с Собой освобожденные души с лона Аврамова. Послание Ефесянам 4:8-10:

Посему и сказано: восшед на высоту, пле-
нил плен и дал дары человекам. А «восшел»
что означает, как не то, что Он и нисходил
прежде в преисподние места земли? Нисшед-
ший, Он же есть и восшедший превыше всех
небес, дабы наполнить все.

Это место Писания говорит нам, что те верующие, которые находились в плену ада, были плене-
ны Иисусом, благодаря Его искупительной жертве
и благодаря цене, которую Он заплатил в пролитии
Своей крови. Он приобрел право освобождать этих
пленников и взять их с Собой, когда Он взошел на
высоты. Итак, после спуска в преисподние части
земли и провозглашения доброй новости искупления пленникам на лоне Аврамове, Иисус освободил
их, использовав ключи Ада и Смерти, которые Он
получил. Затем, когда Он восшел на Небеса в Божье присутствие, то Он взял их вместе с Собой. Он
пленил плен множества пленных.

Это описано и в Евангелие от Матфея 27:51-53,
где говорится о смерти Иисуса на кресте и событиях, которые последовали за этим:

И вот, завеса в храме раздралась надвое,
сверху донизу; и земля потряслась; и камни
расселись; и гробы отверзлись; и многие тела
усопших святых воскресли и, выйдя из гро-
бов по воскресении Его, вошли во святый
град и явились многим.

Здесь говорится о множестве пленников, которых освободил Иисус. Рассматривая Послание Евреям 11:40 мы говорили о святых Ветхого Завета,
сравнивая их со святыми Нового Завета:

Бог предусмотрел о нас (святых Нового Завета) *нечто лучшее, дабы они* (святые Ветхого Завета) *не без нас достигли совершен-*
ства.

Только после смерти и воскресения Иисуса, святые Ветхого Завета смогли войти в то, во что они верили и на что уповали, и что ожидали увидеть исполнившимся. Это исполнилось, когда Иисус сошел в их место заключения и освободил их и взял их с Собой.

Как результат смерти и воскресения Иисуса, и событий, которые мы рассмотрели, вся в целом ситуация с праведными верующими с этого момента была радикальным образом изменена. С этого момента и далее, праведные верующие после своей смерти уже не сходят в место ожидания или заключения, но имеют прямой доступ в присутствие Бога на Небесах.

Первый ясный пример этого дает нам первый христианский мученик Стефан, чья смерть описана в книге Деяния 7:55-56,59-60:

Стефан же, будучи исполнен Духа Святаго, воззрев на небо, увидел славу Божию и Иисуса, стоящего одесную Бога, и сказал: вот, я вижу небеса отверстые и Сына Человеческого, стоящего одесную Бога...

...и побивали камнями Стефана, который молился и говорил: Господи Иисусе! приими дух мой. И, преклонив колени, воскликнул громким голосом: Господи! не вмени им греха сего. И, сказав сие, почил.

Прямо перед своей смертью Стефан имел ясное видение Небесных сфер духовного мира. Он видел славу Божью и Иисуса, Стоящего по правую руку Бога, и он знал, что это было то место, куда он шел. Его молитва была такой: *«Прими дух мой».* Он не сошел вниз в Шеол или ад, но его дух был взят прямо в присутствие Господа.

Затем мы можем прочитать свидетельство Павла во Втором послании Коринфянам 5:6,8:

*Итак мы всегда благодушествуем; и как зна-
ем, что, водворяясь в теле, мы устранены
от Господа...*

*...то мы благодушествуем и желаем лучше
выйти из тела и водвориться у Господа.*

У Павла было две альтернативы. Пока он находился в своем теле, он был устранен от Господа. Но
если бы он оставил тело, то в тот же момент попал
бы в присутствие Господа. Нет и намека на то, что
необходимо спускаться в Шеол или ад. Послание
Филиппийцам 1:21−24:

*Ибо для меня жизнь — Христос, и смерть
— приобретение. Если же жизнь во плоти
доставляет плод моему делу, то не знаю,
что избрать. Влечет меня то и другое: имею
желание разрешиться и быть со Христом,
потому что это несравненно лучше; а оста-
ваться во плоти нужнее для вас.*

Здесь мы опять находим, что Павел видел эти
две четкие альтернативы перед собой. Одна − это
остаться во плоти, что принесет пользу христианам,
среди которых он трудился. Другая, которая была
для него самого более желанной, − это уйти и быть
со Христом.

Смерть Иисуса Христа на кресте и пролитие Его
крови, благодаря которой было приобретено наше
искупление, − это радикальным образом изменило
будущее праведных верующих. Больше не стоит
вопрос о спуске в Шеол и ожидании там, на ложе
Авраамовом, часа освобождения и искупления.

Духи истинных верующих − через веру в Иисуса − соделанные праведными Его праведностью и ис-
купленные Его кровью, имеют прямой доступ в
Небесные сферы. В книге Откровение говорится, что
там есть рай, сад отдыха на Небесах, в который праведные души имеют доступ (см. Откровение 14:13).

Уместно было бы закончить эту главу следующим отрывком из Первого послания Коринфянам 15:55:

Смерть, где твое жало? Ад, где твоя победа?

Смерть и воскресение Иисуса лишили Смерть его жала и Ад его победы. Как благодарны мы должны быть Богу, за все, что было приобретено для нас смертью Иисуса.

14

ВОСКРЕСЕНИЕ
ВЕРУЮЩИХ

В Новом Завете воскресение праведных святых всегда близко связано со вторым пришествием Христа. Для второго пришествия обычно используется греческое слово *«парусия»*, которое буквально означает «присутствие».

Есть много разных пророчеств в Библии связанных с этим событием. Есть также много различных толкований того, что в точности произойдет при возращении Иисуса. Со своей стороны, я предлагаю на ваше рассмотрение одно простое толкование. Мне кажется — на основании значения слова *«парусия»* — что оно не обязательно описывает одно единственное, стремительное событие, но оно может быть применимо к целому ряду событий, которые последуют друг за другом в быстрой последовательности.

Перед тем как перейти к спорным аспектам этого вопроса, мне хотелось бы перечислить пять главных целей, которых достигнет пришествие (или возвращение) Иисуса. Конечно же я не говорю о том, что это единственные цели, и не утверждаю, что они обязательно будут происходить в данной последовательности, но давайте посмотрим на них:

1. Иисус примет к Себе Церковь, в качестве Своей Невесты.

2. Израиль как нация будет спасен.

3. Сатана и антихрист будут низвержены.

4. Языческие народы будут подвергнуты суду.

5. Будет установлено Тысячелетнее Царство Христа на земле.

Воскресение праведных умерших

Неотделимой частью всего этого будет воскресение праведных верующих. Это описано Павлом в Первом послании Фессалоникийцам 4:13-18, и он указывает на то, что говорит это по откровению:

Не хочу же оставить вас, братия, в неведении об умерших (буквально: «усопших»), *дабы вы не скорбели, как прочие, не имеющие надежды. Ибо, если мы веруем, что Иисус умер и воскрес, то и умерших* («усопших») *в Иисусе Бог приведет с Ним. Ибо сие говорим вам словом Господним, что мы живущие, оставшиеся до пришествия Господня, не предупредим умерших, потому что Сам Господь при возвещении, при гласе Архангела и трубе Божией, сойдет с неба, и мертвые во Христе воскреснут прежде; потом мы, оставшиеся в живых, вместе с ними восхищены будем на облаках в сретение Господу на воздухе, и так всегда с Господом будем. Итак утешайте друг друга сими словами.*

Нам необходимо помнить, что это слова утешения и принять их таким образом. Это сказано не для того, чтобы произвести замешательство.

Давайте заглянем еще раз в главу «Воскресение из мертвых» из книги *«Твердое основание христи-*

анской жизни», в которой я дал следующий порядок события, описанных Павлом в 4-й главе Первого послания Фессалоникийцам:

«Павел пишет это в первую очередь для того, чтобы утешить христиан относительно судьбы других христиан — их родственников и друзей, которые умерли. Этих умерших христиан он называет «усопшие» (в данном случае в Синод. переводе: «умершие»), а буквально: «те, которые уснули в Иисусе». Это означает тех, кто умер в вере в Евангелие. Павлово утешение основано на той уверенности, что эти верующие и все остальные истинные христиане будут воскрешены.

Вот какую картину воскресения в действительности рисует Павел.

Во-первых, это событие возвестят три эффектных звука. Первым звуком будет **возвещение** (воззвание, сделанное громким голосом) Самого Господа Иисуса Христа, как Он предсказывал об этом в Евангелии от Иоанна 5:28-29:

Не дивитесь сему: ибо наступает время, в которое все, находящиеся в гробах, услышат глас Сына Божия, и изыдут творившие добро в воскресение жизни, а делавшие зло в воскресение осуждения.

Только голос Христа имеет власть вызвать мертвых из гробов. Однако в данный момент Он вызовет только праведных верующих — только тех, кто умер в вере. Вызов нечестивых умерших будет оставлен для другой фазы воскресения.

Двумя другими звуками будут **голос архангела** и **труба Божья**. Этим архангелом будет, скорее всего, Гавриил, поскольку на основании Писания складывается такое впечатление, что его служением является провозглашение на земле предстоящего вмешательства Божьего в дела людские.

Труба на протяжении всей Библии главным образом служила для созыва народа Божьего во времена особого кризиса. Звук трубы в этот момент станет сигналом сбора всего Божьего народа ко Христу, когда Он будет спускаться с Небес для встречи с ними.

На земле сразу одно за другим произойдут два события. Во-первых, все истинные верующие, умершие в вере, воскреснут. Во-вторых, тела всех тех истинных верующих, которые будут живы в этот момент, претерпят моментальное и сверхъестественное изменение.

Затем обе группы верующих — которые были воскрешены и которые были преображены, не испытав смерти — сверхъестественной силой Божьей будут стремительно подняты с земли в воздух. Там их примут облака, и в этих облаках они воссоединятся с Господом и друг с другом. После этого Господь и Его искупленный народ будут соединены навечно в нерушимой Небесной гармонии и общении».

Это же самое событие Павел описывает еще раз в Первом послании Коринфянам 15:51-52:

Говорю вам тайну: не все мы умрем («уснем»), *но все изменимся вдруг, во мгновение ока, при последней трубе; ибо вострубит, и мертвые воскреснут нетленными, а мы* (которые остались живыми на тот момент) *изменимся.*

Слово «уснувшие» или «усопшие» используется в Библии для описания тех, кто умер в вере, потому что потому что оно говорит о пробуждении. Что за драматический момент это будет! Мне нравиться эта фраза: «во мгновение ока». Это означает, что за один момент вы и я, верующие, будем смотреть друг на друга, видя другого как всегда. Затем произойдет вспышка яркого света, которая ослепит нас на мгновение, и когда мы откроем наши глаза опять, мы увидим друг друга полностью другими. В доли секунды, наши физические тела будут полностью изменены сверхъестественной силой Божьей, и мы будем обладать телами абсолютно другого рода. Это славная надежда, которая простирается перед каждым истинным верующим.

Иисус придет как вор

В разных местах Иисус сравнивает Свое пришествие назад с приходом вора. В книге Откровение 16:15 Он говорит:

Се, иду как тать (древнеславянское слово, обозначающее вора)...

В Евангелии от Матфея 24:42-43 Иисус говорит:

Итак бодрствуйте, потому что не знаете, в который час Господь ваш приидет. Но это вы знаете, что, если бы ведал хозяин дома, в какую стражу придет вор, то бодрствовал бы и не дал бы подкопать дома своего.

Здесь Иисус опять говорит, что есть определенное соответствие между Его вторым пришествием и приходом вора. Это согласуется с фразой, которую использует Павел в Первом послании Фессалоникийцам 4:17, где он говорит:

... мы ... восхищены (украдены) *будем.*

Здесь стоит греческий глагол *«харпазо»*, который используется также в некоторых других местах в Новом Завете. В книге Деяний 8:39 мы читаем:

Филиппа восхитил (украл) *Ангел Господень.*

Филипп внезапно исчез из поля зрения евнуха, которого он крестил, и евнух поехал своей дорогой, но Филиппа больше нигде не было видно. Перевод здесь говорит, что он был «*восхищен*».

В Евангелии от Иоанна 10:12 сказано о волке, который проникает в среду овец:

Волк расхищает (крадет) *овец...*

Здесь используется то же самое слово «*харпазо*». Евангелие от Матфея 13:19 использует то же самое слово, говоря о птицах, которые склевывают семена, посеянные у дороги:

Приходит лукавый и похищает посеянное.

Затем, когда в Послании Иуды говорится о людях выхваченных из огня, то используется тот же самый глагол «*харпазо*», что и в других отрывках. Полагаю, что когда мы совместим все отрывки вместе, то это даст нам более наглядную картину того, что произойдет, когда вернется Иисус. Глагол «*харпазо*» − выхватывать, похищать − говорит об единократном, стремительном, целенаправленном действии. Все произойдет очень быстро. Точно как вор хватает что-то и скрывается с этим, не останавливаясь, чтобы оглянуться назад, также и Иисус придет и заберет Свой народ Себе.

Однако здесь есть одно важное отличие, между тем, что сделает Иисус и тем, что делает вор. Это важное отличие заключается в следующем: вор берет то, что ему не принадлежит, а Иисус возьмет только то, что Ему принадлежит. Первое послание Коринфянам 15:23 подтверждает это, когда упоминает об этом потрясающем моменте, ожидающем нас в будущем. Там сказано:

Христовы − в пришествие Его...

Христос придет только к тем, кто Его − только тем, кто был искуплен и полностью посвящен Ему настолько, что они уже не принадлежат самим себе, но Христу. А вы являетесь одним из них?

15

ПРИРОДА НАШИХ ВОСКРЕСШИХ ТЕЛ

В предыдущей главе мы рассмотрели одно из главных событий, которое связано со вторым пришествием Христа: воскресение праведных верующих. Сейчас мы сделаем еще один шаг далее в этом вопросе и изучим новый вид тел, в которых воскреснут верующие, − мы подвергнем рассмотрению воскресшие тела праведников.

Подобны зерну пшеницы

Первое послание Коринфянам 15:35-38 рассматривает тему воскресшего тела:

Но скажет кто-нибудь: как воскреснут мертвые? и в каком теле придут? Безрассудный! то, что ты сеешь, не оживет, если не умрет. И когда ты сеешь, то сеешь не тело будущее, а голое зерно, какое случится, пшеничное или другое какое; но Бог дает ему тело, как хочет, и каждому семени свое тело.

Павел проводит аналогию между: (1) зерном

пшеницы, посеянном в землю, и (2) телом верующего, погребенном в земле. Он указывает, что есть соответствие между тем, что происходит с зерном пшеницы в земле и погребенным телом верующего.

В заключительной главе книги *«Твердое основание христианской жизни»*, озаглавленной «Воскресение мертвых» я перечислил уроки, которые можно вывести из этой аналогии:

«Здесь Павел проводит аналогию с зерном пшеницы, посаженным в почву, чтобы проиллюстрировать связь между телом погребенным и телом воскресения. В этой аналогии мы находим три факта, связанные с воскресением тела.

1. Между семенем, посаженным в почву, и растением, которое произрастает из этого семени, существует прямая зависимость. Основные элементы, которые содержатся в зерне, содержатся и растении, которое затем вырастает из этого зерна.

2. Растение, которое вырастает из первоначально посеянного семени, в процессе своего роста подвергается определенным и явным изменениям. Внешняя форма и вид нового растения отличаются от исходного семени.

3. Природа исходного семени определяет природу будущего растения. Каждый тип семени может произвести только соответствующий тип растения. Зерно пшеничное произведет только пшеницу, зерно ячменное — только ячмень.

Теперь давайте применим эти три принципа, взятые из аналогии с семенем, к природе воскресающего тела.

1. Между погребаемым телом и воскресающим телом существует прямая зависимость.

2. Воскрешаемое тело претерпевает в этом процессе определенные и явные изменения.

Внешний вид и форма нового, воскресшего тела отличается от исходного, погребенного тела.

3. Природа погребенного тела определяет природу воскрешаемого тела. Между состоянием верующего во время его земного бытия и природой его воскресшего тела существует прямая логическая и причинная связь».

Воскресшее тело

Далее, в Первом послании Коринфянам 15:39-42 Павел продолжает эту же самую тему природы воскресшего тела:

Не всякая плоть такая же плоть; но иная плоть у человеков, иная плоть у скотов, иная у рыб, иная у птиц. Есть тела небесные и тела земные; но иная слава небесных, иная земных. Иная слава солнца, иная слава луны, иная звезд; и звезда от звезды разнится в славе. Так и при воскресении мертвых: сеется в тлении, восстает в нетлении.

Павел отмечает здесь некоторые пункты. Во-первых, он указывает на то, что даже на земле есть большое разнообразие тел: тела птиц, людей, рыб, животных и т.д. Затем он переходит за пределы земных реалий – он говорит, что в небесных сферах, есть другие виды тел, которые очень отличаются от тел, которые мы встречаем на земле. Далее он указывает на то, что и среди этих небесных тел есть разница во внешнем виде и в славе. Солнце отличается от луны. Звезды отличаются и от солнца и от луны и друг от друга – и Павел применяет это к воскресшим телам. Он говорит: «*Также и при воскресении мертвых*». Итак, вид тела, который мы имеем на земле – одного рода, но вид тела, в котором мы воскреснем — это тело другого рода, соответствующее Небесным сферам, которые будут нашим новым домом.

Когда человек летит в космос на корабле, то он должен взять земную атмосферу и условия с собой. Его тело не соответствует условиям открытого космоса. Оно по-прежнему остается телом земного типа. Но когда мы каждый получаем наше тело воскресения, то оно не будет ограничено земной поверхностью и земной атмосферой.

Затем, среди тел, которые будут даны верующим при воскресении, будет разница в славе, точно так же как и между разными звездами; и эти различия в славе будут связаны с верностью и служением каждого верующего здесь на земле. Таким образом, там будет дана та слава, которая соответствует верности служения каждого верующего, которая будет вечно проявляться в его воскресшем теле.

Книга пророка Даниила 12:1-3 дает ясное предсказание воскресения:

И восстанет в то время Михаил, князь великий, стоящий за сынов народа твоего...

«*Сыны народа твоего*» — это еврейский народ. Когда в центре внимания находится Михаил на Небесах, мы знаем, что еврейский народ находится в центре событий на земле.

И наступит время тяжкое, какого не бывало с тех пор, как существуют люди, до сего времени...

«*Время тяжкое*» — это то, что мы называем «*великой скорбью*», которая в какой-то мере будет связана с воскресением.

Но спасутся в это время из народа твоего все, которые найдены будут записанными в книге.

Только те, чьи имена записаны в книге (Книге Жизни – Откровение 20:12), только те воскреснут.

И многие из спящих в прахе земли пробудятся, одни для жизни вечной, другие на вечное поругание и посрамление. И разумные будут сиять, как светила на тверди, и обративше многих к правде — как звезды, вовеки, навсегда.

Вот на что ссылается Павел, когда говорит: *«Одна звезда отличается от другой в славе, таким же образом и при воскресении мертвых».* Каждый из нас будет иметь славу, но те, которые обратили многих к праведности, будут сиять как звезды навеки и веки. Одну вещь мы должны всегда помнить, это то, что наш Бог является Богом-Воздаятелем. Мы не трудимся ради воздаяния, но оно есть. Мы не должны трудится ради того, чтобы что-то получить, но то, что мы получим, будет в точности соответствовать нашей верности при нашей жизни.

Теперь мы подошли к пяти изменениям, которые произойдут во время воскресения. В Библии существуют определенные принципы соответствия чисел. Два – это число свидетельства, семь – это число Святого Духа, пять – это число вещей, которые видимы, которые можно определить (мы имеем пять чувств). Поэтому есть пять видимых, ощутимых изменений, которые произойдут в наших телах при воскресении. Первое послание Коринфянам 15:42-44:

Так и при воскресении мертвых: сеется в тлении, восстает в нетлении; сеется в уничижении, восстает в славе; сеется в немощи, восстает в силе; сеется тело душевное, восстает тело духовное. Есть тело душевное, есть тело и духовное.

Прилагательное «душевное» (как в греческом оригинале, так и в русском языке – примеч. переводчика) образовано напрямую от существительного «душа». Итак, есть «душевное тело» и есть «духовное тело». Позвольте указать на еще одно различие между естественным телом, которое хоронят в могиле, и воскресшим телом, которое выйдет из нее.

Первое послание Коринфянам 15:53:

Ибо тленному сему надлежит облечься в нетление, и смертному сему облечься в бессмертие.

Если мы совместим все эти стихи из Первого послания Коринфянам, то обнаружим пять специфических изменений, которые произойдут при переходе тела погребения в тело воскресения:

1. От тленного к нетленному. Наше естественное тело подвержено тлению. Оно подвержено немощам, болям, болезням, старению, и разложению. Наши зубы снашиваются, наши волосы выпадают, наша кожа покрывается морщинами. Это приемлемо как что-то естественное для нашего земного тела, но все будет довольно по-другому в нашем воскрешем теле.

2. От смертного к бессмертному. «Смертное» означает подверженное смерти. «Бессмертное» означает не подверженное смерти. Мы все знаем, что это тело подвержено смерти, но воскресшее тело не подвержено смерти – оно бессмертно.

3. От уничиженного к славному. Нам необходимо понимать, что тело, которые мы имеем сейчас, является результатом греха. Это не то тело, которое Бог первоначально дал Адаму. Оно несет в себе признаки человеческого греха. В определенном смысле, оно напоминает нам о нашем уничижении. Но воскрешее тело будет телом славы. Оно больше не будет напоминать нам о последствиях нашего греха.

4. От немощи к силе. Тело, которое погребено является немощным телом. Когда я посещаю похороны, я всякий раз думаю о том, насколько немощен человек. Смерть − это финальное свидетельство бессилия. Человек может обладать огромной силой или мощным интеллектом или способностями, но однажды его унаследованная немощь проявится себя в том, что он станет жертвой смерти. Однако тело, которое воскреснет, будет телом силы.

5. Из душевного в духовное. Есть душевное тело, и есть духовное тело. Сеется *душевное* тело, восстает *духовное* тело. Большинство людей не видят различие между душевным тело и духовным телом. Для того, чтобы сделать это, вы должны понять природу естественного (т.е. душевного) тела.

В 102-м Псалме, когда Давид хочет прославить Господа, его дух готов, но его душа еще не готова. Давид не может славить Господа до тех пор, пока он не достигнет взаимодействия со своей душой. Поэтому он говорит: *«Благослови Господа, душа моя»*. По сути, он говорит: *«Давай, душа, просыпайся! Сделай что-нибудь!»* И это его дух трудится в его теле через его душу. Это описание действия *душевного* тела.

Но в духовном теле, которое большинство людей пока еще даже не видели, дух напрямую контролирует тело. У нас есть пример этому у пророка Иезекииля. Это видение, с которого Иезикииль начал свою деятельность в качестве пророка − видение четырех живых существ. Книга пророка Иезикииля 1:5-7,11-12:

И таков был вид их: облик их был, как у человека; и у каждого четыре лица, и у каждого из них четыре крыла; а ноги их — ноги прямые, и ступни ног их — как ступня ноги у тельца, и сверкали, как блестящая медь...

И лица их и крылья их сверху были разделены, но у каждого два крыла соприкасались одно к другому, а два покрывали тела их. И шли они, каждое в ту сторону, которая пред лицем его; куда дух хотел идти, туда и шли; во время шествия своего не оборачивались.

Эти живые существа имели духовные тела. Им не надо было делать все через душу. Куда хотел идти дух, туда они и шли. Стих 20:

Куда дух хотел идти, туда шли и они; куда бы ни пошел дух...

В воскресении мы тоже будем иметь духовные тела, поэтому, чтобы тело стало что-то делать нам, не будет необходимости действовать через душу. Наше тело будет реагировать напрямую на указания духа. Если вы подумаете о всех вещах, которые хотел бы сделал бы ваш дух и которые ваши душа поленилась делать, то вы осознаете, какое это благословение — иметь духовное тело.

Это не так легко объяснить или понять, но Писание утверждает одну вещь, что *«жизнь* (буквально: *душа) всякой плоти в крови»* (Левит 17:11). Наше естественное тело — это тело, которое содержит в себе кровь. По моему личному мнению воскресшее тело будет иметь плоть и кости, но не будет иметь крови. Более того, это будет тело, которым будет управлять и контролировать *дух*, а не душа. Человек будет направляем свыше благодаря своему постоянному контакту с Богом. Он не будет под влиянием импульсов и настроений душу, как это происходит в нашем сегодняшнем естественном (душевном) теле.

Мы будем подобны Ему

Первое послание Иоанна 3:2:

Возлюбленные! мы теперь дети Божии; но еще не открылось, что будем. Знаем только, что, когда откроется, будем подобны Ему, потому что увидим Его, как Он есть.

Мы уже дети Божьи благодаря внутренней жизни, которую мы имеем: *«Христос в нас упование (надежда) славы»*. Но это еще не полностью проявилось во внешнем облике лично каждого из нас. Это произойдет только тогда, когда вернется Иисус и все это в полноте проявится в Его славе. Тогда мы будем подобны Ему. Мы примем тело подобное Его телу. Мы будем подобны Ему, потому что увидим Его Таким, какой Он есть. Это будет откровение воскресшего, прославленного Христа для верующих, которые ожидают Его, чтобы быть измененными силой этого откровения Христа. Это будет изменение этих смертных тел в бессмертные тела, этих немощных тел − в сильные тела, этих тел уничижения − в тела славы, этих тленных тел − в тела нетленные.

Наконец, это будет тело того же самого порядка, как тело Иисуса после Его воскресения. Послание Филиппийцам 3:20-21:

Наше же жительство — на небесах, откуда мы ожидаем и Спасителя, Господа нашего Иисуса Христа, Который уничиженное тело наше преобразит так, что оно будет сообразно славному телу Его, силою, которою Он действует и покоряет Себе все.

(Перевод «Радостная Весть»: *«Он преобразит наши слабые смертные тела и уподобит их Своему прославленному телу в той силе, что покорит Ему все»* − примеч. редактора.)

Обратите внимание на то, что эти слова истинны только для тех, кто ожидает возвращения Господа Иисуса. Павел говорит о нашем уничиженном, оскверненном теле — в греческом оригинале говорится о «теле нашего унижения». Наши тела рождаются в уничижении из-за последствий нашего греха. Мы живем в теле, которое постоянно напоминает нам о нашей немощи и ограниченности. Оно напоминает нам о том, что вещи находятся не в том порядке, в котором они были первоначально задуманы Богом. И благодаря уничижению, мы получаем напоминание о нашем грехе. Не имеет значения то, насколько богатыми или красивыми люди могут быть, их тела постоянно напоминают им об этом уничижении: оно потеет, оно должно посещать туалет, и оно подвержено болезням. Слава Богу, что есть это обетование: если мы ожидаем Иисуса Христа, Его появления — когда мы воочию увидим Его — мы будем изменены в подобие тела Его славы. Мы разделим Его славу даже в нашем физическом теле. Павел говорит, и примите эти слова к сердцу: «(Сам Иисус) преобразит и уподобит их... в той силе, что покорит Ему все».

Верите ли вы в это? Верите ли вы, что Иисус может покорить Себе все? Даже эти немощные, тленные, слабые тела наши будут покорены и соделаны подобными Его славному телу.

16

СУД ВЕРУЮЩИХ

Следующим важным событием, которое последует за воскресением верующих, является суд верующих. Эти слова могут удивить некоторых из вас. Вы можете удивиться: неужели действительно состоится суд над верующими? Вне всякого сомнения, он будет! Писание говорит об этом очень ясно. Первое послание Петра 4:17-18:

> *Ибо время начаться суду с дома Божия; если же прежде с нас начнется, то какой конец непокоряющимся Евангелию Божию? И если праведник едва спасается, то нечестивый и грешный где явится?*

Суд начинается с дома Божьего – с семьи Божьей. Затем Петр идет дальше, говоря, что суд начнется с нас – с христиан. Вы можете подумать: «Почему христиане сначала должны воскреснуть, а затем предстать на суд?» Ответ такой: мы дадим Богу на суде воскресения отчет за те вещи, которые мы делали, когда находились в нашем теле. Это согласуется с Божьим подходом – для того чтобы держать ответ за то, что мы делали в нашем теле, мы предстанем на суд в нашем теле. Это ясно показано во многих местах Писания.

Судилище Христово

Место, где будет происходить суд верующих, в Новом Завете назван судилищем (*«бема»*) Христовым. *«Бема»* — это греческое слово, которое было общераспространенным в культуре того времени. Обычно римский судья или правитель при разбирательстве судебного дела восседал на особом месте. Когда Иисус предстал перед Понтием Пилатом, в Евангелии от Матфея 27:19 говорится, что Пилат сидел на судейском месте (*«бема»*).

А вот что сказано в Послании Римлянам 14:10-12:

> *А ты что осуждаешь брата твоего? Или и ты, что унижаешь брата твоего? Все мы предстанем на суд Христов (перед «бема» суда Христова). Ибо написано: живу Я, говорит Господь, предо Мною преклонится всякое колено, и всякий язык будет исповедывать Бога. Итак каждый из нас за себя даст отчет Богу.*

Итак, мы все предстанем перед престолом суда, на котором Христос будет восседать как Судья. Мы получим то, что полагается нам за те вещи, которые мы делали, пока были в теле. Поскольку суд будет за то, что мы делали находясь в теле, то мы предстанем на суд также в теле. Павел ясно говорит об этом во Втором послании Коринфянам 5:10:

> *Ибо всем нам должно явиться пред судилище Христово, чтобы каждому получить соответственно тому, что он делал, живя в теле, доброе или худое.*

Обратите внимание, что Павел оставляет место только для двух категорий дел — все дела попадают в одну из двух категорий: они или добрые или худые. В духовной реальности нет места нейтральному — не хорошему, но и не плохому. То, что мы делаем

– это или хорошее, или плохое. Нет ничего между этим. Либо это сделано в послушании и для славы Божьей, либо это не является хорошим вообще.

Однако необходимо понять самое главное: этот суд верующих не будет судом, который приведет к обвинительному приговору. Для истинного верующего во Христа осуждение миновало. В Евангелии от Иоанна 5:24 Иисус заверяет нас:

Истинно, истинно говорю вам: слушающий слово Мое и верующий в Пославшего Меня имеет жизнь вечную, и на суд не приходит, но перешел от смерти в жизнь.

Таким образом, всякий, кто слушает Слово Божье и верит в Иисуса **не будет осужден**. Он уже перешел из смерти в жизнь. Послание Римлянам 8:1:

Итак нет ныне никакого осуждения тем, которые во Христе Иисусе.

Для оценки служения и распределения наград

Если мы во Христе Иисусе, то мы встретим суд для оценки нашего служения и для распределения наград между нами. В Первом послании Коринфянам 3:11-15 Павел дает нам картину этого суда верующих:

Ибо никто не может положить другого основания, кроме положенного, которое есть Иисус Христос. Строит ли кто на этом основании из золота, серебра, драгоценных камней, дерева, сена, соломы, — каждого дело обнаружится; ибо день покажет, потому что в огне открывается, и огонь испытает дело каждого, каково оно есть. У кого дело, которое он строил, устоит, тот получит награду. А у кого дело сгорит, тот потерпит урон; впрочем сам спасется, но так, как бы из огня.

Мы говорим здесь о человеке, который построил свою жизнь на основании, единственно приемлемом Богу, которым является праведность Иисуса Христа. Он никогда не подвергнется осуждению, потому что его праведность — это праведность Христова. То, что будет подвергнуто суду здесь — это не душа человека, но его дела. Это место Писания говорит о том, что человек строил именно на этом основании, и о качестве его труда. Таким образом, это оценка трудов или служения, но не суд для осуждения.

Когда мы смотрим на принципы, по которым производится оценка труда или служения, то мы видим определенные очень важные детали. Во-первых, Бог больше заинтересован в *качестве*, чем в *количестве*. Материалы, которые сгорели, это те материалы, которые мы сможем легко достать в больших объемах: дерево, сено или солома. Но проблема в том, что эти материалы горят. Материалы, которые пройдут испытание огнем, это те материалы, которые тяжело произвести в больших количествах: золото, серебро и драгоценные камни. Таким образом, намного важнее сконцентрироваться на качестве производимого, чем на его количестве.

Смотря с этой точки зрения, мы ясно понимаем, что некоторые служители и слуги Господа, которые в результате своего служения собрали огромные количества, должны будут пройти через горькое переживание, когда они увидят, что все это сгорело в огне Христова окончательного суда и оценки их работы. Если мы хотим избежать этого, то, что должно быть нашей целью? Я предлагаю три элемента, о которых мы должны помнить, если хотим чтобы наше служение (то, что мы строим) выдержало испытание огнем. Вот эти три пункта: *мотивы, послушание* и *сила*.

1. Каковы мотивы нашего служения?
Мотивированы ли мы личными амбициями, желанием проявить успех перед людьми — построить самую большую церковь, сделать призыв к самому большому сбору денег, проповедовать самые блистательные проповеди? Или наше искреннее желание делать то, что прославляет Бога и возможно останется практически незамеченным и непримечательным?

2. Послушны ли мы в служении Богу —
Его Слову (Его заповедям и Его принципам) — или мы строим на человеческих теориях или наших собственных идеях — учениях, которые не соответствуют истине Писания? Мы будем подвергнуты проверке в вопросе послушания.

3. Служим ли мы Богу в силе Святого Духа
или просто нашей собственной плотской силой? По моему личному убеждению, все, что было сделано по плоти, погибнет как плоть. Только то, что было сделано в огне Святого Духа, сможет устоять в испытании огнем суда.

В 25-й главе Евангелия от Матфея Иисус рассказывает притчу о трех служителях, каждый из которых получил разное количество талантов — один получил пять, другой получил два, а третий получил один талант. Тот, кто получил пять, приобрел еще пять талантов. Тот, кто получил два, приобрел еще два. Каждый получил 100%-ную прибыль, и явно, что каждый из них был одинаково одобрен их господином. Слова ободрения, которые прозвучали, были одинаковыми в каждом случае. Другими словами, вопрос не в количестве, с которым мы начинаем (и с каким заканчиваем), но в верности, с которой мы трудимся в том, что было дано нам.

Первых два слуги были вознаграждены, но третий, который не сделал вообще ничего со своим талантом, а закопал его в землю — этот третий был отвергнут. Он был мотивирован страхом, а не верой. Бог ценит верность, в то время как страх и лень вызывают Божье осуждение. Я хотел бы предложить вам когда-нибудь просмотреть вашу Библию от начала до конца и обратить внимание на то, что там говорится о лени. Там нет ни одного хорошего слова об этом. К примеру, пьянство осуждается там намного сильнее, чем лень.

В 19-й главе Евангелия от Луки находится еще одна притча о слугах, которые в этом случае получили одинаковое количество денег — одну мину, но их прибыль была различной. Один приобрел десть мин, другой приобрел пять мин, и, опять-таки, третий не предпринял ничего со своей миной и был, в последствии, отвергнут. Тот, кто приобрел десять мин, был вознагражден властью над десятью городами. Тому, кто приобрел пять мин, была дана власть над пятью городами.

В конечном итоге, мы можем обнаружить здесь два принципа. Первый принцип заключается в следующем: Бог смотрит в первую очередь на верность, а не на способности. Вопрос не в количестве прибыли, но в процентном росте прибыли. Каждый слуга, который принес 100%-ую прибыль получил одинаковую похвалу.

Второй принцип состоит в том, что награда за верное служение в этой жизни увеличивает ответственность и возможности служения в вечности. Величайшее, что кто-либо сможет сделать когда-либо — это служить истинному и живому Богу. Если мы служим Ему верно при этой жизни, нашей наградой будут еще большие возможности служения в жизни воскресения.

17

ВОСКРЕСЕНИЕ И СУД НЕВЕРУЮЩИХ

Сейчас мы рассмотрим другую сторону медали — воскресение и суд неверующих. Существуют два главных способа, благодаря которым мы сможем провести различие между этими двумя судами в Писании — судом верующих и судом неверующих. Одно отличие — это другое место суда; второе отличие — это другое время.

СУД	МЕСТО	ВРЕМЯ
Суд верующих	Судейское место Христа	Перед установлением Тысячелетнего Царства Христа
Суд неверующих	Великий Белый Престол	В конце Тысячелетнего Царства Христа

Суд неверующих

Описание суда над неверующими — теми, кто не воскреснет при воскресении праведников — находится в книге Откровение 20:11-15. Иоанн дает наглядную картину того, на что будет похож этот окончательный и великий суд:

*И увидел я великий белый престол и Сидя-
щего на нем, от лица Которого бежало небо
и земля, и не нашлось им места...*

Подумайте о том, насколько страшно будет предстать перед Тем, от лица Которого бегут небо и земля, когда Он восседает в Своем величии и в гневе
против грешников.

*И увидел я мертвых, малых и великих, сто-
ящих пред Богом, и книги раскрыты были, и
иная книга раскрыта, которая есть книга
жизни; и судимы были мертвые по написан-
ному в книгах, сообразно с делами своими.
Тогда отдало море мертвых, бывших в нем,
и смерть и ад отдали мертвых, которые
были в них; и судим был каждый по делам
своим. И смерть и ад повержены в озеро огненное. Это смерть вторая. И кто не был
записан в книге жизни, тот был брошен в
озеро огненное.*

На этот момент эти люди воскрешены, но даже
после воскресения они по-прежнему н»азваны «мер-
твыми». Иоанн говорит: «*увидел я мертвых, малых
и великих, стоящих пред Богом*». Даже после воскресения они по-прежнему мертвы. Их тела были
восстановлены для них, но они все-таки мертвы.
Они мертвы в грехах и преступлениях, отчуждены
и отрезаны от жизни Божьей, и воскрешены в своих телах для принятия суда за то, что они сделали
в своих телах.

Обратите внимание еще и на то, что существует
вселенские записи, которые содержат все, что каждый из нас когда-либо сделал. Все это записано.
Обратите внимание также, что существует вселенс-
кая ответственность. Каждый из нас будет призван
к ответу за то, что сделал. Слово «*ответственность*» (в смысле: «держать отчет за сделанное» —
примеч. редактора) является самым неудобным и не-

приятным словом для ушей современной культуры. Сегодня существует множество различных религий и философий, чьей самой главной целью является заверить человека, что в действительности он не ответственен ни перед кем, кроме себя самого. Пусть мои слова напомнят вам, что это ложь! Человек ответственен перед своим Творцом, Который однажды будет его Судьей. Все мы будем держать ответ за все, что мы делали.

Побеждающие – вот те, кто будет избавлен

Конечный пункт, на котором я хочу заострить внимание: есть только один путь избавления – найтись в Книге Жизни. Пророческое откровение говорит, что каждый, чье имя не было записано в Книге Жизни, был брошен в озеро огненное. Это необратимое, вечное изгнание из присутствия Всемогущего Бога, но это не прекращение самосознания личности. Однажды полученное самосознание, продолжает свое существование во веки веков.

Какого рода люди будут записаны в Книге Жизни? Явно, что это жизненно важный вопрос для каждого из нас. В следующей главе книги Откровение Иоанн идет далее в описании того рода людей, чьи имена записаны в Книге Жизни, а также рода людей, которые будут брошены в озеро огненное. Откровение 21:7-8:

Побеждающий наследует все (всю славу Небес), *и буду ему Богом, и он будет Мне сыном. Боязливых же и неверных, и скверных и убийц, и любодеев и чародеев, и идолослужителей и всех лжецов участь в озере, горящем огнем и серою. Это смерть вторая.*

Итак, первоначальное требование для тех, чьи имена записаны в Книге Жизни – это *побеждающая* жизнь. Это означает не быть побежденным грехом, миром, нечестием или сатаной. *«Побеждающий наследует все, и Я буду его Богом, а он будем Моим сыном».*

Альтернатива этому дана в стихе восьмом — там описан тот род людей, кто в конце концов попадет в озеро огненное. Вы может быть согласитесь, что развращенные люди, убийцы, колдуны и лжецы должны попадут туда, но обратите внимание, что первыми в этом списке стоят *боязливые* и *неверные* (т.е. *неверующие* — оказаться неверным Богу и не верить Ему — согласно Писанию это одно и тоже — примеч. редактора). Вот две первые категории людей, которые будут отделены на погибель. Человек может попасть на Небо без теологии, но я сомневаюсь, попадет ли кто-нибудь на Небо, не имея смелости и мужества.

Об этом сказано также в Первом послании Иоанна 5:4-5:

Ибо всякий, рожденный от Бога, побеждает мир; и сия есть победа, победившая мир, вера наша. Кто побеждает мир, как не тот, кто верует, что Иисус есть Сын Божий?

Итак, требование такое: быть рожденным от Бога в вере. От нас требуется вера в то, что Иисус это Сын Божий. Тот, кто верит, что Иисус является Сыном Божьим и рожден свыше через эту веру, тот имеет веру, которая побеждает мир. Эта побеждающая вера будет основанием того, что он унаследует все. Бог будет его Богом, а он будет Божьим сыном.

Иисус — водораздел для человеческих душ

Во время того, как мы рассматриваем сцену последнего суда перед Великим Белым престолом, определенные образы приходят мне на память. Я хотел бы поделиться одним из них с вами. Несколько лет назад я был в штате Колорадо в Скалистых горах, и один человек указал мне на горный хребет, который находился немного западнее нас, и сказал: «*Этот гребень горы является водоразделом континентальной части Соединенных Штатов*». Он пояснил, что вода от дождя, который выпадает на одном склоне гор, попадает в Тихий океан, а вода от дождя, который идет на другой стороне, в конечном итоге, попадает в Мексиканский залив. Несмотря на то, что разница между каплями, которые падают, может заключаться лишь в паре дюймов, их конечные местонахождения будут находиться на расстоянии тысяч миль друг от друга.

Когда я представил эту картину в моем разуме, то сказал сам себе: «*Иисус является водоразделом человеческих душ*». Их судьба в вечности определяется тем, по какою сторону Иисуса они находятся. Две души могут быть такими близкими друг к другу — даже муж и жена, или родители и дети, или брат и сестра — однако один по одну сторону от Иисуса (приняв Его и поверив в Него), а другой по другую сторону (не веря и не принимая). Несмотря на то, что они могли быть очень близки в своей жизни, их конечная участь окажется неизмеримо далекой друг о друга. Один закончит в вечной славе Небес; другой закончит в озере огненном, месте вечного осуждения и наказания для неверующих. Ничтожная разница в паре дюймов в том, куда упали капли дождя в Скалистых горах, имеет решающее значение для их судьбы.

Это относится и к вам и ко мне: лишь небольшая разница в этой жизни — быть по одну сторону Иисуса или по другую — определит нашу судьбу в вечности. На какой стороне Иисуса вы находитесь?

Этот прообраз двух капель дождя напомнил мне об огромной ответственности проповедников представлять полную истину Евангелия. Павел говорит старейшинам церкви в Ефесе в книге Деяния 20:20-21,26-27:

Я не пропустил ничего полезного, о чем вам не проповедывал бы и чему не учил бы вас всенародно и по домам, возвещая Иудеям и Еллинам покаяние пред Богом и веру в Господа нашего Иисуса Христа...

Посему свидетельствую вам в нынешний день, что чист я от крови всех, ибо я не упускал возвещать вам всю волю Божию.

Дважды Павел говорит, что он не избегал говорить им всю истину. Все, что Бог сказал — им необходимо было знать. Но почему он использует эти слова: «Я не избегал (в Синод. переводе: «не пропустил», в других переводах: «не уклонился», «не упустил» — примеч. переводчика)?» Полагаю, это потому, что существует определенного рода давление, которое противится проповеднику, говорящему полную истину. Дьявол не беспокоит то, что кто-то проповедует что-то, до тех пор, пока все это не касается жизненных истин. Но есть огромное давление против человека, который стоит и провозглашает всю истину. Это может общественное или финансовое давление, когда он понимает, что проповедь всей истины окажет влияние на всю его судьбу. Как много проповедников среди нас сегодня могут сказать как Павел: «*Я не избегал провозглашать вам всю истину Божью?*»

От каких решающий требований зависит спасение? Павел дает простые требования: (1) покаяние пред Богом и (2) вера в Иисуса Христа. Только одно вместе с другим сможет спасти нас от этой устрашающей участи — озера огненного — и взять нас в вечную славу Иисуса.

Помните, **никого на Небеса не занесет течением**. Небеса должны быть вашим первым приоритетом. Вы должны принадлежать полностью и безоговорочно Иисусу Христу. Это не что-то страшное. Это нечто прекрасное. Но вы должны иметь в вашем разуме четкое представление о том, чего это стоит. Поэтому сделайте решение. Сделайте безоговорочное посвящение Иисусу. Он прекрасный партнер – лучший друг, какого вы можете себе только пожелать.

За всю мою жизнь у меня было много прекрасных друзей и мне довелось иметь – одну после другой – две прекрасные жены, каждая намного лучше, чем то, что я заслуживал. Но никто не сравнится с Иисусом. Он совершенен: настолько любящий и верный, настолько терпеливый и понимающий. Он понимает ваши слабости, ваши искушения, и все, через что вы проходите. Если вы посвятите самих себя Ему, то вы будете иметь это обетование: «*Я никогда не оставлю и не покину тебя*».

Если вы не убеждены, что вы безоговорочно посвящены Иисусу, но вы хотите посвятить самих себя Ему безоговорочно, вот молитва, которую вы можете произнести:

Господь Иисус Христос, я верю, что Ты Сын Божий и единственный путь к Богу. Я верю, что Ты умер на кресте за мои грехи, Ты был погребен, и воскрес на третий день. И сейчас вся власть на Небесах и на земле даны Тебе, благодаря тому, что Ты сделал для меня на кресте, когда Ты понес мои грехи и оплатил мое наказание. На этом основании я прошу Тебя простить сейчас все мои грехи, и сейчас посвящаю мою жизнь Тебе, чтобы Ты мог быть моим Господом и моим Спасителем, и чтобы я мог принадлежать Тебе сейчас и вовеки веков.

Господь Иисус, я верю, что Ты принимаешь меня и я воздаю Тебе благодарение!

Во имя Иисуса.

18

КАК ВСТРЕЧАТЬ СМЕРТЬ

Из предыдущей главы мы увидели, что наша судьба будет зависеть от одного — от наших личных взаимоотношений с Иисусом Христом. Именно Он является водоразделом для определения судеб душ человеческих. Вера в Иисуса является гарантией прощения, мира и жизни вечной. С другой стороны, неверие точно также, со 100%-ной гарантией, вызывает суд Божий и Его отвержение.

Теперь давайте сделаем очень личное и практическое применение этих истин. Прежде чем я начну, позвольте мне напомнить вам еще раз, что мы сейчас говорим о той встрече, на которую вы не сможете не явиться. Если вы желаете встретить смерть с миром и спокойной уверенностью, то для этого существует четыре главных шага, которые вам необходимо сделать.

Повернитесь лицом к ней!

Во-первых, вам необходимо встать к ней лицом. Повернитесь лицом к тому факту, что однажды **вам** надлежит умереть. **Я** умру, **каждый из нас** умрет. Меня, как служителя, удивляет тот факт, что лишь очень немногие люди готовы к встрече со смертью.

Люди могут прожить жизнь, вполне понимая, что они умрут — но так и не произвести соответствующих приготовлений к этому неизбежному событию. Разве не будет разумным для нас — повернуться лицом к тому факту, что мы умрем. Это вполне здравое и реалистичное отношение. С другой стороны, очень неразумно провести жизнь, так и не сделав приготовления к тому, что обязательно наступит в конце.

Задумайтесь над словами, которые говорит Павел о самом себе в Послании Филиппийцам 1:21:

Для меня жизнь — Христос, а смерть — приобретение.

Павел не боялся умереть. Он стоял лицом к реальности греха, суда и Божьих требований в своей жизни. И потому как он стремился стоять лицом не только к этому, но и к вопросу смерти, то он вошел в такие взаимоотношения с Богом, где больше не было страха. Там было только горячее желание быть освобожденным от рабства этой плотской жизни и войти в полноту Божьего присутствия. Каждый из нас, кто сделает то же, что сделал Павел, сможет иметь ту же самую спокойную уверенность. Мы сможем сказать так, как сказал Павел: «*жизнь моя — Христос, и смерть — это приобретение*». И скажу вам, что если вы не можете сказать: «*жизнь моя — это Христос*», то вы не сможете сказать: «*и смерть — это приобретение*». Быть таким образом соединенным с Богом через Иисуса Христа, значит не оставить места осуждению, страху и неопределенности.

Принять Божье предложение

То, что вы становитесь лицом к смерти, ведет ко второму шагу: принятие Божьего предложения о прощении, мире и вечной жизни. Тогда вы можете сказать вместе с Павлом, как он написал в Послании Римлянам 5:1:

Итак, оправдавшись верою, мы имеем мир с Богом через Господа нашего Иисуса Христа.

Для того, чтобы быть оправданными мы должны поместить нашу веру в жертвенную смерть Иисуса Христа, осознавая, что Он понес вину нашего греха. Вы помните как я описывал то, что значит быть оправданным? Слово «оправдан» означает: «как если бы никогда не грешил», потому что нам вменяется (засчитывается) праведность, которая никогда не знала греха — праведность Иисуса Христа. Будучи облечен в эту праведность, я имею дерзновение предстать пред лицом Бога, смерти и вечности. Первое послание Иоанна 5:11-13:

Свидетельство сие состоит в том, что Бог даровал нам жизнь вечную, и сия жизнь в Сыне Его. Имеющий Сына (Божия) имеет жизнь; не имеющий Сына Божия не имеет жизни. Сие написал я вам, верующим во имя Сына Божия, дабы вы знали, что вы, веруя в Сына Божия, имеете жизнь вечную.

Бог дал свидетельство всей человеческой расе, что Он предлагает нам жизнь вечную. Эта жизнь в личности Его Сына — Иисуса Христа. Если мы принимаем Иисуса Христа, то в Нем мы принимаем жизнь вечную. Обратите внимание, все это находится в настоящем времени: *«имеющий Сына, имеет жизнь»*. Это не что-то, что должно произойти после смерти, но то, что происходит сейчас, в этом временно-пространственном мире. Если вы оставите это на потом — как то, что должно произойти после смерти, то вы опоздаете. Вам необходимо решить этот вопрос прямо *сейчас!* Тот, кто имеет Сына, имеет жизнь!

Обратите внимание также на то, что Иоанн говорит в стихе 13: *«Сие написал я вам, верующим во имя Сына Божия, дабы вы знали, что вы, веруя в*

Сына Божия, имеете жизнь вечную». Это не просто для того, чтобы мы верили, но чтобы благодаря нашей вере мы смогли знать. Вы можете сказать: *«я верую...»*, но я хочу спросить вас: *«а знаете...?»* Конечная цель верования — это знание. Кто верит в Иисуса Христа, как Бог желает, чтобы мы *верили,* — тот еще и *знает*, что имеет жизнь вечную. Мы имеем ее сейчас — мы не ожидаем, что это совершится после смерти. Мы знаем, что когда смерть придет, она не сможет коснуться или разрушить жизнь вечную, которую мы уже имеем во Христе Иисусе.

Посвятите себя на служение Христу

Третий шаг, это посвящение себя здесь и сейчас Христову служению в этом мире. В шестнадцатой главе мы говорили о том, что все мы, верующие, предстанем перед судейским местом Христовым для получения оценки, соответственно тому, что мы сделали в наших телах, доброе или худое (2-ое Коринфянам 5:10). Как мы увидели, все, что мы сделали в этой жизни попадает только в две категории — это или хорошее, или плохое. Все, что не является несомненно хорошим, является несомненно плохим. Поэтому мы должны так посвятить самих себя Христу, чтобы делаемое нами было хорошим и приемлемым Богу.

В связи с этим нам необходимо проверить самих себя в трех сферах: (1) мотивы, (2) послушание и (3) сила.

Во-первых, какие наши мотивы? Что движет нами? Ищем ли мы чего-то для себя? Ищем ли мы удовлетворение своих собственных амбиций и удовольствий? Ищем ли мы выполнения своих желаний, своего признания, ублажения и славы? Или мы мотивированы искренним желанием видеть Божью славу? Бог однажды просеет наши мотивы.

Во-вторых, служим ли мы Богу на Его условиях, или на наших? Послушны ли мы четким установкам и требованиям Писания, или мы пытаемся создать некоего рода новую религию – нашу собственную, которая подходила бы нам лучше, чем требования Писания? Мы будем просеяны в вопросе послушания.

В-третьих, служим ли мы Богу в нашей собственной силе или в Его силе? Позволили ли мы Духу Святому придти и взять полный контроль над нами, мотивировать и давать силу нам? Служим ли мы Богу таким образом, как это приемлемо Ему?

Позвольте Богу отлепить вас от временных вещей

Четвертый шаг потребует немного большего объяснения, но он очень важен. Он состоит в том, чтобы позволить Богу отлепить вас от временных вещей. Я объясню это, используя мое любимое место Писания – это Книга пророка Исаии 40:6-8:

Голос говорит: возвещай! И сказал: что мне возвещать? Всякая плоть – трава, и вся красота ее – как цвет полевой. Засыхает трава, увядает цвет, когда дунет на него дуновение Господа: так и народ – трава. Трава засыхает, цвет увядает, а слово Бога нашего пребудет вечно.

Как истинна эта картина жизни! Мы окружены вещами, которые прекрасны, и людьми, которых мы любим. Есть так много, что можно любить и ценить, и, тем не менее, все, что мы видим – это трава, включая нас самих. Она цветет и благоухает утром и умирает вечером.

Библия говорит нам, что трава увядает и блекнет, потому что Дух (или дыхание) Господа дует на нее. Я был удивлен этим, и затем однажды Бог показал мне эту истину. Бог дарует красоту в этот временный мир, а затем приводит ее к увяданию. Зачем? Потому что Он хочет, чтобы мы знали, что такое красота. Он хочет, чтобы мы узнали красоту, которую Он способен произвести, но Он никогда не захочет, чтобы мы имели ее постоянно в этом мире. Таким образом, Он пробуждает наше чувство прекрасного, нашу высокую оценку красивого во всяком добре, а затем Он принуждает временную красоту этого мира увянуть. Он делает это для того, чтобы мы стремились нашим сердцем к прекрасному, которое находится за пределами этого мира, в мире грядущем. Это то, как Бог отлепляет наши сердца от вещей временных.

Библия очень реалистична. В Первом послании Коринфянам 15:19 говорится следующее:

И если мы в этой только жизни надеемся на Христа, то мы несчастнее всех человеков.

Простирается ли ваша вера во Христа в вечность? Если нет, то ваша религия — это достойная жалости фантазия. Если наша надежда на Христа истинная, то она не ограничивается этой жизнью. Она становится ярче и ярче вступая в вечность. Эта надежда производит иной образ жизни. Павел увещевает нас в Послании Колоссянам 3:1-4:

Итак, если вы воскресли со Христом, то ищите горнего, где Христос сидит одесную Бога; о горнем помышляйте, а не о земном. Ибо вы умерли, и жизнь ваша сокрыта со Христом в Боге. Когда же явится Христос, жизнь ваша, тогда и вы явитесь с Ним во славе.

Обратите внимание, ваше сердце и ваш разум — ваши привязанности и то, о чем вы думаете — направлены на то, что находится выше. Конечная награда верующего находится за пределами временных вещей. Она придет тогда, когда наша истинная жизнь – которой является Христос – проявится во славе и всей полноте. Это все еще впереди, по ту сторону могилы.

Смерти не обязательно быть неприятной неожиданностью – чем-то приходящем несвоевременно или слишком быстро, к чему вы не готовы. Если вы движетесь в воле Божьей, вы можете подойти к смерти как к жатве, которая поспела в этом сезоне, и Бог пожнет вас в Свое время. Вот какое обетование мы находим в Книге Иова 5:26:

Войдешь во гроб в зрелости, как укладываются снопы пшеницы в свое время.

В конце Второй Мировой войны моя жена Лидия и я жили на север от Иерусалима в Рамаллахе, который был в то время христианским арабским городом. В этом городе однажды умерла одна верующая арабка. Моя жена Лидия спросила ее внука: *«Как она умерла?»* Внук задумался на секунду и затем ответил: *«Вообще-то она не умерла – она созрела (стала готова), вот и все».*

Какой прекрасный ответ! Как вы собираетесь умереть? Созревшим или незрелым? Готовым или неготовым? Помните одну вещь, вы не обязаны умереть больным. Есть лишь немногие верующие в Библии, о ком записано, что они умерли больными. Если вы живете согласно Библии, то вы умрете не потому, что больны, но потому что созрели.

19

КАК ВСТРЕЧАТЬ СМЕРТЬ ЛЮБИМОГО ЧЕЛОВЕКА

Полагаю, есть некоторые вещи, которые человек сможет понять только после того, как переживет их. Я убедился в этом на собственном опыте. В 1975 году Господь призвал домой мою первую жену − Лидию. Мы прожили вместе тридцать лет счастливой семейной жизни. Мы разделяли вместе все: бедность и изобилие, хорошее и плохое. Мы вырастили вместе девять приемных дочерей. Мы служили Господу вместе. Порой, после нашего совместного служения или конференции, к нам подходили люди и говорили: *«Вы трудитесь вдвоем как один человек»*. Вот такого рода единство было между нами. Когда Господь призвал Лидию домой, было похоже, что часть меня была взята у меня. Это было самым мучительным переживанием в моей жизни.

У меня был прекрасный брак с Лидией, но мы все время были посреди большой, оживленной семьи. Однако в моем втором браке с Руфью Бог так устроил все вещи, что мы проводили большую часть нашего времени вдвоем. Двадцать лет мы путешествовали вдвоем, мы молились вдвоем, мы работали одни, и мы сделали много вещей самостоятельно. Я пережил в моих взаимоотношениях с Руфью такого рода близость, которую я никогда не знал ни с кем другим, и которую не ожидаю узнать до тех пор, пока попаду на Небо.

Но в декабре 1998 года Бог призвал домой и Руфь. На похоронах Руфи в Иерусалиме я стоял перед открытой могилой и смотрел вниз на ее гроб, до того как его полностью засыпали землей, и я почувствовал побуждение воскликнуть: *«Отец, я доверяю Тебе. Я благодарю Тебя, что Ты всегда добр. Ты всегда благой, любящий и справедливый. Ты никогда не делаешь ошибки. То, что Ты делаешь, всегда является наилучшим».* Сказать это — было одним из самых тяжелых из того, что я делал в своей жизни, но это было также одним из лучших.

С тех пор я начал наблюдать за другими, и когда лишившиеся близких людей мужчины и женщины были привлекаемы ко мне, я был способен утешить их таким образом, как я никогда это не мог сделать до этого. Я пришел к осознанию того, как мало людей готовы к смерти любимого человека. Мужчина и женщина могут прожить тридцать или сорок или пятьдесят лет вместе и все-таки не быть готовыми к тому, что Бог призовет одного из них домой. Но реальность такова: один умрет раньше другого, и нам необходимо знать это. Очень редко супружеские пары уходят в вечность одновременно. Или может случиться так, что Бог заберет брата, сестру или кого-то другого из близких родственников. И помните, родители, что Бог забирает домой также и детей. Не все они вырастают до взрослого возраста и зрелости. Существуют гробы разных размеров, потому что люди умирают в разном возрасте. Я говорю это не потому что смотрю на жизнь болезненно пессимистически, но реалистически. Но что бы ни произошло в нашей жизни, я убедился, что мы можем встретить смерть любимого человека в победе. Этот уход из жизни близкого нам человека может послужить еще одному подтверждению Божьей любви и верности.

На основании своего опыта мне бы хотелось предложить вам некоторые советы, что вы должны сделать *если*, или *когда* вы повстречаетесь с такой ситуацией.

1. Доверяйте Божьей любви и Его мудрости. Есть прекрасный пример этому в истории Иова. Семь сыновей Иова и три дочери были забраны смертью в один момент — при одном несчастье. Но вот, что сказал Иов, как это записано в Книге Иова 1:21:

Господь дал, Господь и взял; да будет имя Господне благословенно!

Я не верю, что это было сказано в подавленности и самоустранении; я верю, что Иов сказал это в уповании. Если вы можете доверять Господу в том, чтобы Он дал, сможете ли вы доверять Ему в том, чтобы Он забрал? Можете ли вы не доверять Его мудрости? Не знает ли Бог правильный способ и время взять каждого из Его детей? Я верю, что Он знает.

2. Уступите любимого человека Богу. Это не просто. Я помню, что спустя примерно час после смерти Руфи я сказал Господу: «*Я не хочу просить ее назад. Она была Твоей еще до меня*». Когда я сказал это, как бы что-то вышло из моего сердца, и освободило место для действия руки Божьей и начала исцеления раны. Но пока я держался за нее моими душевными желаниями, Бог не мог реально производить свою работу для моего блага. Поэтому вторая часть моего совета следующая: *отдайте своего любимого*.

Когда Руфь отошла в вечность, я сказал Богу: «*Отец, я доверяю Тебе*». Я осознаю сейчас, оборачиваясь назад, что в тот момент я подошел к развилке по дороге моей жизни. Я мог пойти одним или другим из этих двух путей. Я мог допустить горечь и сетование и жалобы по отношению к Богу, – *«По-чему Ты забрал Руфь? Ты знаешь, как сильно я нуждаюсь в ней. Ведь это Ты соединил нас вместе».* Я мог обвинять Бога. Но не сделал этого. Я решил доверять Богу и верить, что Он делает самое лучшее для Руфи и для меня.

3. Утвердитесь снова в своей вере. Это может звучать странно, когда проповедник говорит такое, но каждый раз, когда Бог забирал одну из моих жен, я должен был спросить самого себя: *«Действительно ли я верю в то, что проповедовал все эти годы? Действительно ли я верю, что будет воскресение? Действительно ли я верю, что увижу их опять?»* В течение короткого промежутка времени мне было тяжело отвечать. Затем я говорил: *«Я действительно верю! Я верю! Будет воскресение! Мы встретимся снова! Бог верен! Библия заслуживает полного доверия!»* Я не должен полагаться в своей вере на что-то нереальное и безосновательное, но возложить мою веру на то, что пройдет любое испытание – на верность Божью, любовь Божью и истину Писания. Когда вы встречаетесь с подобного рода ситуацией, утвердитесь вновь в вашей вере. Каждый раз, когда вы делаете это, ваша вера будет еще больше укрепляться, и вы одержите еще большую победу в вашей душе.

4. Не пытайтесь переносить это стоически. Не загоняйте ваши чувства во внутрь! Стоицизм – это языческая философия, которая была выдумана в Греции. Стоик не позволял чему-то ранить его. Он настолько контролировал все в своей жизни, что никогда не смеялся и не плакал. Стоик никогда не показывал своих эмоций. Это не имеет ничего общего с христианской верой. Бог знает, что все мы люди. Писание говорит, что Он знает состав наш. Он знает наши чувства и наши мысли. Бог знает, что вы ранены, и что вы испытываете печаль, и Он не сердится на вас из-за этого.

Меня всегда впечатлял один факт из истории Израиля вышедшего из Египта, когда они потеряли двух своих великих лидеров — Моисея и Аарона (см. Второзаконие 34:8-12 и Числа 20:23-29). В каждом случае Бог разрешал Израилю провести тридцать дней плача о своих лидерах. Бог знал, что они не могли просто встать и идти дальше, как будто ничего не произошло. Бог знал, что что-то было забрано из их жизни, что они переживали потерю, и Он сказал: «*Возьмите тридцать дней и выражайте ваши чувства — не загоняйте их внутрь*».

Я думаю также о свидетельстве Давида в Псалме 29:12-13:

> *И Ты обратил сетование мое в ликование, снял с меня вретище и препоясал меня веселием, да славит Тебя душа моя и да не умолкает. Господи, Боже мой! буду славить Тебя вечно.*

Библия настолько честна и так реалистична. Давид не говорит, что он не горевал. Он осознает, что испытывает скорбь. Он говорит: «*Я знаю, что такое сетование*». Но также говорит, что Бог обратил его сетование в ликование (в др. переводах — в танец). Я не верю, что Давид действительно смог бы когда-нибудь танцевать, если бы он никогда не горевал. Есть танец, который происходит только из сетования.

Это на самом деле происходило в моей жизни. Бог буквальным образом обратил мое сетование в танец, но я должен был сначала поскорбеть. Я должен был быть честным и реалистичным. Я должен был признаться в том, что я скорблю и это больно. Но Бог исцеляет эту боль, когда мы честно открываем ее Ему. Если вы попытаетесь подавить внутри себя эти чувства, то они просто уйдут вглубь, где будут изводить вас, и однажды вы можете получить определенного рода эмоциональную проблему. Сегодня я чувствую, что являюсь более исцеленным и сильным

— и умственно, и эмоционально, — чем я был до того, как прошел через эти переживания, связанные с потерей сначала Лидии, а после нее и Руфи.

5. Обопритесь на близких вам верующих.
В Первом послании Фессалоникийцам 4:18 Павел призывает нас:

Утешайте друг друга сими словами.

Есть время, когда мы нуждаемся в утешении окружающих нас верующих. Одно, чего я никогда не забуду, это любовь, которая была проявлена ко мне бесчисленным количеством друзей и семьей, а также членами церкви.

Всякий раз (как с Лидией, так и с Руфью), когда мы переезжали на новое место жительства, мы были внимательны к тому вопросу, чтобы стать частью поместной общины. Я верю, что это очень важно для каждого — быть под пастырской опекой. Я благодарю Бога за пастырей, которые стояли вместе со мной в эти трудные моменты моей жизни. Это что-то, что останется со мной на всю мою оставшуюся жизнь. Также, это произвело чрезвычайное впечатление на тех, кто находился вокруг меня.

Оборачиваясь назад, я благодарю Бога, что был частью Тела — посвященной группы верующих, которые делились своей жизнью друг с другом. Поверьте мне, когда придет час вашего кризиса, то вы будете нуждаться в людях, которые бы утешили вас. Так прекрасно, что Писание называет Бога во Втором послании Коринфянам 1:3: *«Богом всякого утешения»*. Один из главных каналов, по которому Его утешение приходит к нам — через близких нам верующих. Это прекрасно выражено в книге Екклесиаст 4:9-10:

Двоим лучше, нежели одному; потому что у них есть доброе вознаграждение в труде их: ибо если упадет один, то другой поднимет товарища своего. Но горе одному, когда упадет, а другого нет, который поднял бы его.

Помните, что будет время, когда вы будете нуждаться в посвященных верующих, которые стояли бы вместе с вами.

6. Продолжайте служить Христу настолько верно, насколько вы можете. Не позвольте ничему удержать вас от ваших личных обязанностей по отношению к Господу в служении Ему и в верности служению, которое Он вверил вам. Послание Филиппийцам 3:13-14:

Братия, я не почитаю себя достигшим; а только, забывая заднее и простираясь вперед, стремлюсь к цели, к почести вышнего звания Божия во Христе Иисусе.

Один из секретов успешной христианской жизни это способность забыть того, что лежит позади и достигать то, что лежит впереди. Есть награда впереди! Прилагайте усилия в ее направлении!

Оборачиваясь на эти времена скорби, я вижу, что они должны были послужить для еще одного доказательства Божьей любви и Его верности в моей жизни и в моих переживаниях.

20

СВИДЕТЕЛИ НАШЕГО ПОКОЛЕНИЯ

Знание воскресения Христова наделяет нас важной личной обязанностью — быть свидетелями для своего поколения. Это подтверждено в следующем отрывке, который описывает общение между Иисусом и Его учениками после Его воскресения.

Приведенные в порядок приоритеты

Книга Деяний 1:6-8:

Посему они, сойдясь, спрашивали Его, говоря: не в сие ли время, Господи, восстановляешь Ты царство Израилю? Он же сказал им: не ваше дело знать времена или сроки, которые Отец положил в Своей власти, но вы примете силу, когда сойдет на вас Дух Святый; и будете Мне свидетелями в Иерусалиме и во всей Иудее и Самарии и даже до края земли.

Иисус расставил приоритеты учеников. Они были в первую очередь заинтересованы в восстановлении земного царства Израиля. Иисус не говорит, что этого не случится, но что время и способ, которым это будет совершено, Отец взял под Свою собственную власть. Затем Иисус говорит, по сути, следующее: «*Это не то, в чем Я хотел бы, чтобы вы были заинтересованы в первую очередь. Вы имеете личную ответственность, и Я хотел бы, чтобы вы были верными в исполнении этой ответственности*».

Ответственностью, которой надели Иисус Своих учеников, было быть Его свидетелями (т.е. свидетелями именно Иисуса — не своей церкви, деноминации, себя самих или еще чего-то — примеч. редактора). Сначала быть свидетелями прямо там, где они находились, а затем в расходящемся волной круге, который не должен был утратить свою силу до тех пор, пока не достигнет краев земли. Но Он указал, что для того чтобы быть эффективными свидетелями им необходимо пережить сверхъестественное наполнение Святым Духом. Как понимаете, воскресение Христа это что-то абсолютно сверхъестественное. И мы нуждаемся в сверхъестественной силе для того, чтобы нести эффективное свидетельство этому сверхъестественному событию.

Фактически Иисус говорит следующее: «*Вы будете Мне свидетелями, но не уходите, и не пытайтесь начать выполнять этот труд своими собственными способностями, своей мудростью и даже в своем собственном интеллектуальном знании Меня и Моего учения. Ждите, пока примите сверхъестественную силу, которая сделает ваше свидетельство этому сверхъестественному событию действительно убедительным*». Затем Он сказал: «*Вы будете свидетелями Мне в этом круге (центр которого находится в Иерусалиме), расширяющемся и достигающем краев земли*».

Таким образом Иисус откорректировал приоритеты учеников. Мы можем истолковать Его диалог с учениками таким образом: «*На первом месте на-*

ходится не пророческое видение (грядущих событий). На первом месте находится не знание доктрины. Прежде всего вам необходимо позаботиться о том, чтобы получить силу вести такой образ жизни, который будет свидетельствовать обо Мне (о Его воскресении, о Его победе над смертью, о Его учении – примеч. редактора), *куда бы вы ни пошли».*

Христианство – это образ жизни

Нам важно увидеть, что и сегодня это по-прежнему истинно. Христианство это, прежде всего, не вопрос доктринального или интеллектуального знания, или понимания пророчества, но то, как мы живем.

В книге Деяния первым описанием, данным христианству, было слово *«Путь»* (где Деяния 9:2 в Синод. переводе говорят о «мужчинах и женщинах, последовавших сему учению», греческий оригинал говорит о «последовавших этому пути», т.е. образу жизни, сопоставьте Деяния 16:17, 18:25-26, 19:9,23, 22:4, 24:14,22 – во всех этих местах в греческом оригинале говорится о «пути Господнем», а не об «учении Господнем» – примеч. редактора). Люди, которые имели взаимоотношения с Ранней Церковью, видели в христианах людей представляющих не какую-то теорию, но представляющих путь или способ жизни. Тем же самым христианство остается и сегодня – это образ жизни, который делает нас свидетелями Иисусу и, в частности, Его воскресению.

Примером этому служит образ жизни, которым жили апостолы, как это описывает Павел в Первом послании Коринфянам 15:30-31:

Для чего и мы ежечасно подвергаемся бедствиям (или опасности)? Я каждый день умираю: свидетельствуюсь в том похвалою ва-

шею, братия, которую я имею во Христе
Иисусе, Господе нашем.

Образ жизни Павла был, если можно так выразиться, *образом смерти*. Но он никогда не был обеспокоен этим, потому что знал, что даже если он
умрет, то воскреснет. Но если даже мы не будем
жить, как жил Павел, — нам необходимо помнить,
что, все равно, раньше или позже, мы умрем — это
действительно факт.

Дурные сообщества развращают добрые нравы

Если вы будете верным свидетелем воскресения
Иисуса, то вы должны будете быть осторожными в
отношении общения, в котором вы пребываете. Если
вы будете соединены с неправильными людьми, то
они лишат вас вашей веры. Первое послание Коринфянам 15:33:

> *Не обманывайтесь: худые сообщества раз*
> *вращают добрые нравы.*

Вы должны быть осмотрительными в близком
общении с неверующими. Вы можете быть милосердными, вы можете быть снисходительными, вы можете быть любящими, но вы не должны позволять
их примеру диктовать вам ваш образ жизни, потому что это разрушит вашу веру. Далее Павел предупреждает нас в стихе 34:

> *Отрезвитесь, как должно, и не грешите; ибо,*
> *к стыду вашему скажу, некоторые из вас не*
> *знают Бога* (не имеют познание Бога).

Некоторые христиане не имеют познания Бога.
Они действительно не знают Божий план спасения.
Обращаясь к таким христианам, Павел говори: *«к*
стыду вашему скажу...» По сути, Павел говорит

следующее: «*Вы должны были бы знать. Что вы делали в церкви все эти годы? Что и как вы слушали?*» Затем он мог добавить: «*Может быть вы слушали ложь. Может быть вы слушали лживый или глупый критицизм Евангелия. Будьте осторожны в том, что вы слушаете*». Иисус сказал в Евангелии от Марка 4:24:

> *Будь внимателен к тому, что ты слушаешь. Какой мерой меряешь, такой будет измерено и тебе.*

Я очень осторожен в том, чему открываю мой разум. Руфь обычно говорила обо мне: «*Никогда не встречала такого человека, который был бы так осторожен в отношении того, чему он позволял входить в свой разум*». Знаете почему я имею такое отношение? Потому что если я позволю чему-то войти в мой разум — раньше или позже это должно будет выйти через мои уста. Как человек, передающий послания Божьи, я не хочу давать людям ничего кроме чистой, простой, незагрязненной истины Писания.

В другом случае, когда апостолы решили, что они должны назначить апостола, вместо Иуды Искариота, то они выразили это так, Деяния 1:21-22:

> *Итак надобно, чтобы один из тех, которые находились с нами во все время, когда пребывал и обращался с нами Господь Иисус, начиная от крещения Иоаннова до того дня, в который Он (Иисус) вознесся от нас, был вместе с нами свидетелем воскресения Его.*

Первоначальная функция апостола заключалась не в том, чтобы быть проповедником или учителем. Прежде всего он должен был быть свидетелем, вместе с другими апостолами, воскресения Иисуса. Основным моментом этого свидетельства было то, что Иисус воскрес из мертвых. Деяния 4:33:

Апостолы же с великою силою свидетель-
ствовали о воскресении Господа Иисуса Хри-
ста; и великая благодать была на всех их.

Сверхъестественная сила, которую обещал Иисус
им, сделала их свидетельство эффективным. Даже
не проповедь, а свидетельство о воскресении Господа
Иисуса — вот что было на первом месте. Верю, что
каждый человек на лице земли имеет право знать,
что Иисус воскрес из мертвых, — и наша обязанность
рассказать им об этом. То, что они сделают с этим
знанием, станет уже их ответственностью, но если
они не услышат об этом, — тогда мы не выполним
нашу обязанность. Бог требует от нас быть Его свидетелями.

Есть разница между тем, чтобы быть свидетелем,
и тем, чтобы быть проповедником. Проповедник
раскрывает Библейские истины. Он должен иметь
особое призвание для того, чтобы делать это. Но
свидетель просто говорит о том, что он пережил. Он
свидетельствует о том, что случилось в его собственной жизни благодаря Богу, благодаря Иисусу Христу, благодаря Духу Святому и благодаря Евангелию.
Я слышал такое определение: *быть свидетелем означает вести такой образ жизни, который можно
объяснить только тем фактом, что Иисус жив.* Это
то, что Бог требует от всех нас. Проповедники мы
или нет — это находится на втором плане. Понимаем мы все пророчества или нет — это находится на
втором плане. Но первоначальным требованием является то, чтобы мы лично были свидетелями воскресения Иисуса Христа.

Я – свидетель

Я получил образование в Британии между Первой и Второй Мировыми войнами. Я имел приви-
легию учиться в двух самых престижных высших

заведениях Британии: в Итон-Колледже и в Кембриджском университете. Я изучал латинский язык с возраста девяти лет, а греческий язык с десяти лет. Я приобрел много ученых степеней, и в очень раннем возрасте был избран членом научного общества (членом профессуры) Кингз-Колледжа в Кембридже. Говорю все это не для того, чтобы похвалиться, но просто, чтобы показать вам, что если бы интеллектуальное образование могло удовлетворить нужды человеческого сердца, то мои нужды должны были быть удовлетворены. Но этого не случилось. Я был неудовлетворенным, ищущим человеком.

Я изучал философию, потому что искал значение и смысл жизни, но философия не смогла дать мне ответ. Я был успешен академически, но внутри был разочарован. Я не знал куда обратиться для того, чтобы получить ответ.

Затем, благодаря непредвиденному стечению обстоятельств, во время Второй Мировой войны я повстречал людей, которые действительно являлись свидетелями. Это были смиренные и не очень образованные люди, но их жизнь свидетельствовал мне о том факте, что они знают Иисуса лично, так как если бы Он был жив сегодня. Это произвело во мне отчаянное желание иметь то, что имеют они. У меня не было доктринального основания и я не понимал Евангелие. Я знал лишь то, что эти люди имеют что-то, что я искал всю мою жизнь.

В конце концов, в глубоком отчаянии, находясь в своем армейском бараке, посреди ночи я молился и просил Бога самым простым способом дать мне то, что имели эти люди. Я буду благодарен Богу вовеки — Он дал! Он открыл Иисуса мне личным и очень мощным образом, так что в моем разуме не осталось место никакому сомнению в том, что Иисус Христос жив и что теперь я знаю Его. С тех пор никогда — с того самого дня и по сегодняшний день — я не мог сомневаться в этом факте.

Это откровение Иисуса сделало для меня все то, что как Новый Завет говорит оно должно было сделать. Оно полностью, радикальным и решительным образом изменило меня — мой характер, мои отношения, мои амбиции и мои цели в жизни. Оно открыло мне смысл моей жизни, и это продолжает поддерживать меня в активном и наполненном жизнью и энергией состоянии, и с целью, к которой я стремлюсь по сей день. Я хочу сказать вам из моего личного опыта: *Иисус жив!*

Сегодня, в мои почти девяносто лет, я знаю, что скоро подойду к концу моего земного пути. Я абсолютно не боюсь этого. Я предвкушаю всю славу жизни грядущей — и там увижу многих людей (некоторых встречу опять!) на Небесах. Эта тема победы над смертью и реальна и практична для меня. Надеюсь, теперь и вы тоже понимаете, что Христос желает разделить с вами Свою победу над смертью!

Для заметок

Для заметок

Дерек Принс
СОВЕРШАЯ ТЕЧЕНИЕ

Подписано в печать 03.12.2010г. Формат 84×108$^1/_{32}$
Печать офсетная. Тираж 10 000 экз.
Заказ № 2888 (10173А)

Отпечатано в типографии "Принткорп",
ЛП № 02330/04941420от 03.04.02009.
Ул. Ф.Скорины 40, Минск, 220141. Беларусь.

www.ingramcontent.com/pod-product-compliance
Lightning Source LLC
Chambersburg PA
CBHW071537040426
42452CB00008B/1044